I.

DE LA PAIRIE

ET

DE L'ARISTOCRATIE MODERNE

DE L'IMPRIMERIE DE CRAPELET,
RUE DE VAUGIRARD, N° 9.

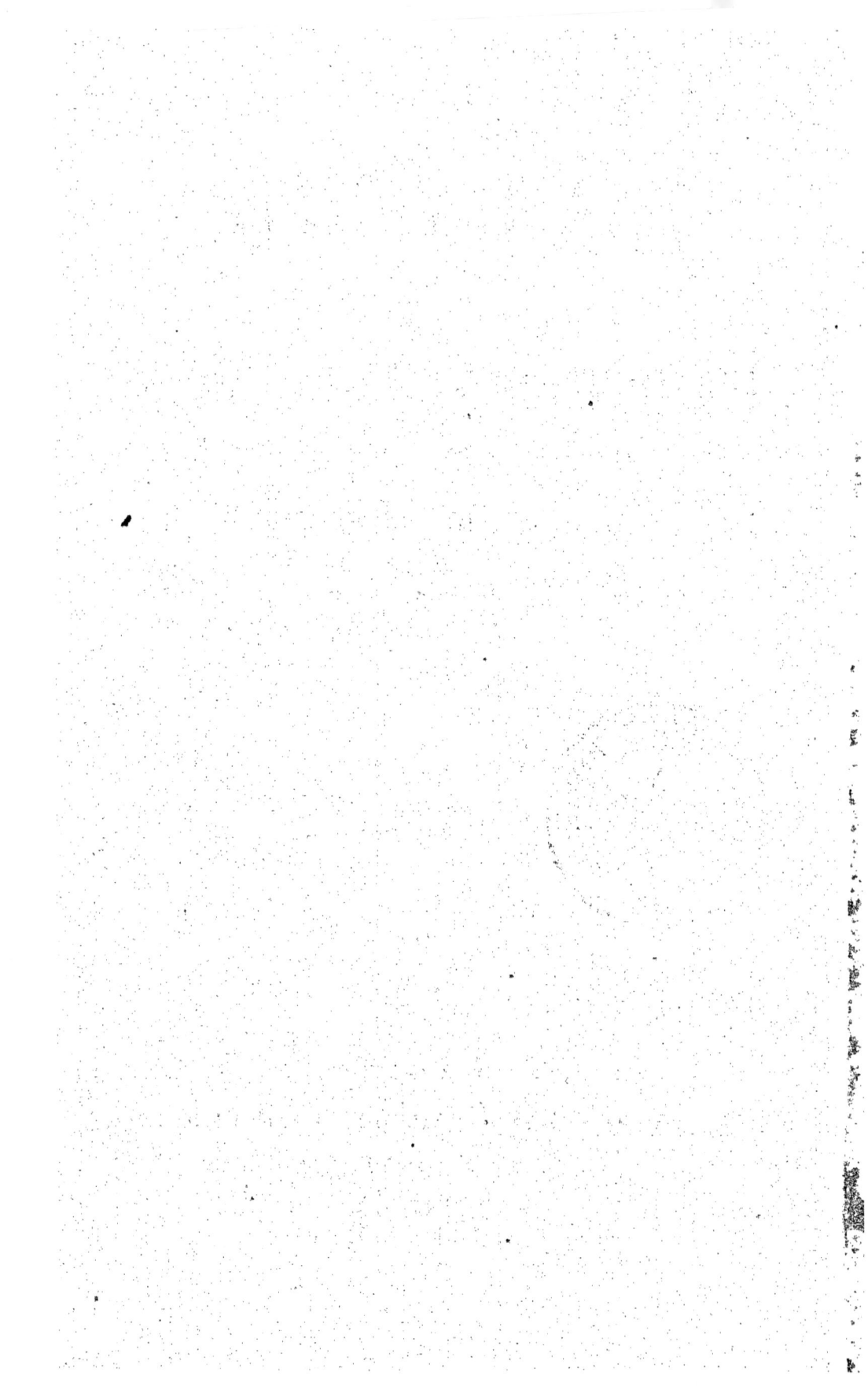

DE
LA PAIRIE

ET DE
L'ARISTOCRATIE MODERNE

PAR

LE Cte AUGUSTE CIESZKOWSKI

AUTEUR DU CREDIT ET DE LA CIRCULATION

ETC., ETC

PARIS
LIBRAIRIE D'AMYOT, ÉDITEUR
6, RUE DE LA PAIX
1844

DE LA PAIRIE

ET

DE L'ARISTOCRATIE MODERNE.

———◆———

PREMIÈRE PARTIE.

CRITIQUE.

I.

POSITION DU PROBLÈME.

Parmi les causes qui entravent à cette heure le développement organique de la vie sociale des nations, il faut ranger en première ligne cet esprit exclusif et partial qui est parvenu plus ou moins partout, et particulièrement en France, à envahir les mœurs et les idées politiques.

Dans le domaine des mœurs, cet esprit se manifeste par le jeu continuel des intérêts privés; dans celui des idées, par le règne de doctrines abstraites, incomplètes et contradictoires.

Il serait bien temps désormais de songer à agir

1

contre cet éparpillement de tendances théoriques et pratiques, contre ce *chassé croisé* d'intérêts et de principes.

Il serait bien temps aussi de songer à ménager un commerce constant entre les opinions et les mœurs des nations. Les unes doivent influencer les autres, et réciproquement. Puissent les idées et les mœurs marcher toujours d'accord et se féconder tour à tour!

— « C'est facile à dire, répliqueront les esprits qui se piquent, bien qu'à tort, d'être positifs; mais le moyen? Vis-à-vis des mœurs, pas de prise possible! Il faut les *laisser faire*, et plier le genou devant leur omnipotence naturelle. »

Faisons justice de cet argument, vrai dans son point de départ, mais faussé dans ses conclusions par l'esprit de paresse et d'immobilisme.

Peut-on agir sur les mœurs? Eh! sans doute! L'on a beau dire que les mœurs ne sont que le produit spontané de la vie des nations; cette vie elle-même se développe plus ou moins vigoureusement à raison des moyens organiques dont elle dispose. Or, ces moyens ce sont les institutions.

Il est donc vrai de dire que les institutions sont

le produit des mœurs; mais il ne l'est pas moins qu'elles réagissent à leur tour sur les mœurs, — qu'elles les transforment ou les conservent, — qu'elles les développent ou les dépriment.

En revanche, il est donc faux de dire : « Ne vous avisez pas de toucher aux institutions, laissez faire les mœurs, ayez pleine confiance dans leur inspiration spontanée. Si elles sont vacillantes, rien n'y fera; — si elles sont fortes, elles suffiront à tout. »

Nous répondrons à cet argument que le « *laissez faire* et *laissez passer* » est tout aussi stérile en politique qu'il l'est en économie. Cet axiome a fait son temps, laissons-le donc passer lui-même. Le vrai principe désormais c'est d'*aider au développement* de la vie des nations, c'est d'agir sur les sociétés, non pas par des entraves ou par des prohibitions, mais par des *institutions positives et organiques*, — et d'aider au développement de ces institutions par le développement d'idées également positives et organiques, qui en sont aujourd'hui les avant-coureurs indispensables.

La France n'a été que trop longtemps en proie aux théories exclusives et aux principes abstraits, et par conséquent, non-seulement les idées que nous nommons *positives* et *organiques* y ont été gênées dans leur essor, mais aussi les mœurs politiques de la nation n'en ont que trop souffert dans leur développement.

Aussi est-ce un fait reconnu et avéré : il n'y a presque pas de mœurs politiques en France. Le peu de germes qu'on y rencontre à cet égard se trouve encore dans un état chaotique de formation primitive, dont il doit éclore assurément un monde organisé, mais qui ne présente, à l'heure qu'il est, qu'une lutte d'éléments hétérogènes.

Cependant, au milieu de tout ce qu'il y a de vague et de flottant dans les opinions et les mœurs politiques de la nation, il est impossible de méconnaître l'assiette plus ou moins solide que telle ou telle idée, que telle ou telle institution, soit indigène, soit étrangère, a déjà su y acquérir. Les éléments les plus hétérogènes finissent à la longue par se concilier, soit de guerre lasse, soit par habitude, soit enfin par un changement de nature qui les rend aptes à une vie organique. Les plantes exotiques elles-mêmes s'acclimatent à la longue dans un terrain donné; et c'est précisément en changeant de nature, à la suite de leur transplantation, qu'elles acquièrent leur droit de bourgeoisie, c'est par là qu'elles deviennent indigènes.

Parmi ces importations plus ou moins étrangères qui ont su obtenir en France leurs lettres de grande naturalisation et qui sont parvenues à s'y marier assez intimement aux éléments nationaux, il faut placer en première ligne *le gouvernement représentatif.*

En effet, depuis le temps que ce système gouverne la France, il s'y est passablement acclimaté, et, par conséquent, il faut le considérer désormais comme une des conditions indispensables de sa vie sociale et politique.

Ceci une fois admis, reste à savoir si le mode actuel d'existence du régime parlementaire répond aux besoins et au génie de la nation. La nécessité d'une telle correspondance ne saurait être révoquée en doute, et quiconque s'aviserait, par exemple, de vouloir tailler le système parlementaire en France sur le modèle du régime anglais, ou de quelque autre régime que ce soit, fût-il le plus rationnel en lui-même, succomberait infailliblement à la tâche. La vie des institutions sociales doit se développer sur un fonds d'éléments nationaux, sous peine de mort stérile.

Soit qu'on veuille développer et appliquer une idée nouvelle, soit qu'on se propose de transplanter dans un pays un élément qui porte de bons fruits dans un autre, il est de toute nécessité de sonder préalablement le terrain sur lequel on opère.

Dans toute étude politique il faut donc en appeler à deux instances : — D'abord aux principes théoriques, — ensuite aux résultats pratiques, c'est-à-dire aux faits, aux éléments et aux besoins nationaux. Le concours de ces deux instances est seul capable de nous livrer des résultats positifs et organiques. En conséquence, nous posons ainsi le *problème parlementaire* :

Étant donnés : — *D'un côté*, le système parlementaire bicaméral [1] avec tous ses principes fon-

---

[1] Nous élaguons ici toute recherche sur les avantages et les inconvénients du système *bicaméral*, nous acceptons le régime, tel qu'il vit, tel qu'il s'est déjà développé, tel qu'il a été accepté par la nation, et nous tâcherons seulement de l'affermir sur les bases naturelles qu'il s'est jetées lui-même.

damentaux et toutes ses conséquences essentielles et logiques;

Et de l'autre, l'état actuel de la société française, c'est-à-dire les éléments qui la composent, les faits historiques qui l'ont formée, l'état de l'opinion et des mœurs publiques, enfin l'empire des circonstances actuelles et les besoins urgents de la société ; —

Trouver : — le mode d'organisation parlementaire le plus en rapport avec les exigences des deux conditions données.

La réforme parlementaire est depuis longtemps le cheval de bataille des partis, le *topic* de presque toutes les discussions politiques, le point de mire des opinions les plus divergentes. Il ne se passe pas de session qu'une ou deux propositions de réformes, quelque minimes qu'elles soient, ne surgissent et ne provoquent des discussions, toujours stériles à la vérité, mais qui prouvent une chose, c'est *qu'il y a quelque chose à faire*. On ne sonne pas l'alarme si souvent quand il n'y a rien qui cloche.

Mais, par une préoccupation singulière, au lieu d'aborder la question dans toute son étendue, l'on se restreint généralement à l'examen d'une seule de ses moitiés, on ne s'occupe que de la Chambre des Députés, on ne réclame que la réforme électorale.

D'où vient donc cette préoccupation exclusive? méconnaitrait-on l'importance de la Chambre des Pairs, ou bien croirait-on que la réforme de 1831 ait été effectivement une réforme normale et durable, et qu'après cela *il n'y ait plus rien à faire?*

Dans la première supposition l'on pécherait contre la logique du système parlementaire bicaméral; dans la seconde, l'on pécherait tout simplement contre le sentiment public.

Ce n'est pas d'aujourd'hui, cependant, que ce sentiment existe, il y a longtemps déjà que l'opinion publique qualifia la réforme de 1831 de replâtrage hâtif, d'expédient mort-né. On le sentit très-bien au moment du vote même, et ce n'est qu'à contre-cœur qu'on passa la loi. Il s'en faut de beaucoup qu'on l'ait prise au sérieux, et la Pairie elle-même moins que qui ce soit.

En veut-on la preuve? Que signifie d'abord ce sentiment de faiblesse et d'impuissance qui germa dès lors dans le sein même de la Pairie, et contre lequel s'efforcent en vain de protester de temps en temps quelques discours isolés? Que signifie ce sentiment intime de décadence, dont l'*aveu* et le *désaveu* lui-même ne font que prouver la réalité? Se plaint-on quand on est puissant, et proteste-t-on de sa force quand on est effectivement fort?

Que signifie ensuite cette indifférence un tant soit peu ironique du public à l'égard de la Pairie, à l'égard de cette institution qu'il considéra un jour comme le palladium de la liberté?

Que signifie enfin ce manque total d'influence politique dans un corps qui, à tout prendre, réunit dans son sein l'élite de la nation?

J'appuie sur cette considération, et je désire qu'elle soit présente à l'esprit du lecteur dans tout le cours de cet écrit. Sans contredit, la Chambre des Pairs actuelle renferme à peu près tout ce qu'il y a de plus illustre en fait d'hommes d'État que la députation n'absorbe pas; elle réunit toutes les gloires, toutes les illustrations, tous les genres de mérite de la nation, sans que néanmoins cette valeur incontestable de presque tous ses membres pris séparément contribue le moins du monde à l'influence de l'assemblée. Depuis 1831, la dignité de Pair de France a éminemment baissé, et ceux qui en sont revêtus en conviendront eux-mêmes de bonne foi ; — c'est un fait : à quoi bon se roidir contre un fait? Assurément il n'y a pas là de leur faute; la faute en est à l'institution elle-même.

En présence de ce fait, en présence de cette anomalie flagrante qui vicie tout l'esprit du régime parlementaire, il est pour le moins surprenant qu'à l'exception de quelques voix isolées qui s'élèvent de temps en temps en faveur d'une révision de la constitution de la Pairie, toutes les investigations et tous les vœux se portent sur la question électorale.

Eh bien, qu'on nous permette d'aborder à notre tour la question de la réforme parlementaire, mais de l'aborder au rebours de tout le monde, et de tâcher de prouver qu'en fait de réforme, celle de la Pairie n'est pas moins importante, sinon plus, que celle de la Chambre des Députés.

Ne nous laissons donc influencer par aucune illusion d'acoustique. Le vice radical n'est pas toujours là où nous croyons entendre clocher. Il

arrive parfois qu'on approche de la vérité en pre-
nant le contre-pied de l'apparence.

La question de la réforme de la Pairie n'est
guère à l'ordre du jour, j'en conviens, *raison de
plus pour l'aborder*. Si elle y était déjà, le temps
de l'étude serait passé, le moment de l'action serait arrivé.

Élaguons donc pour le moment la seconde moi-
tié de la question parlementaire, c'est-à-dire celle de
la réforme électorale, sauf à la reprendre à une
prochaine occasion, si la question patricienne
parvient à une heureuse solution, et procédons
à l'analyse des principes et des faits, dont nous
nous permettrons ensuite de tirer quelques conséquences politiques et sociales.

II.

PRINCIPE ÉLECTIF.

Au point de vue du système représentatif *bica-méral*, la première condition du régime parlemen-taire, c'est que les deux Chambres *représentent des éléments nationaux réels et positifs*, et que, procédant de sources bien distinctes, elles repo-sent toutes les deux sur des *principes essentielle-ment différents et indépendants l'un de l'autre.* Sans cette condition le système bicaméral serait radicalement vicié, car tantôt l'on n'aurait qu'un seul corps politique, et à côté de lui un simu-lacre de corps sans consistance aucune, tantôt l'on n'aurait réellement qu'une seule Chambre divisée en deux sections, et pour tout avantage on n'en recueillerait qu'entraves et perte de temps dans la discussion. Si c'est ainsi que l'on conçoit le système bicaméral, autant vaudrait, comme l'a dit spirituellement M. Royer-Collard, élever une cloison au hasard pour séparer en deux la Chambre des Députés. L'effet serait absolument le même.

La simple énonciation de cette condition suffit pour démontrer tout ce qu'il y a d'irrationnel, sinon d'impossible, à vouloir fonder les deux Chambres sur le principe de *l'élection*, à moins toutefois que l'élection elle-même ne soit une forme commune à *deux éléments* essentiellements *distincts.* Tel est le cas, par exemple, aux États-Unis, où les deux Chambres qui constituent le congrès, bien qu'électives toutes les deux, n'en reposent pas moins sur deux principes absolument différents, indépendants l'un de l'autre, et par conséquent n'en représentent pas moins des éléments sociaux essentiellement distincts. En effet, l'une représente l'élément fédératif ou général, tandis que l'autre représente l'élément provincial ou particulier : l'élection de l'une a lieu en raison de la population générale, tandis que celle de l'autre a lieu par territoire. Principes, intérêts, forme et degré d'élection, tout est radicalement distinct dans l'origine de ces deux Chambres. Au fait, les États particuliers de l'Union américaine ont des intérêts si divers, si contradictoires parfois, et au surplus le principe de l'individualité et de l'indépendance respective des États y est tellement dominant, qu'il était de toute nécessité de donner à ces États une représentation spéciale vis-à-vis de la représentation générale du peuple américain. La forme élective, commune aux deux branches de la législature, n'est ici qu'accessoire, les conditions d'éligibilité sont encore bien moins importantes, c'est *l'origine*, c'est l'alternative de l'intérêt des États particuliers ou du lien fédératif qui domine la question. Donc le principe électif appliqué aux deux Chambres du congrès américain se trouve être complétement rationnel, parce qu'en effet il y a lieu en Amérique à une *double représentation*.

Mais en France une pareille distinction d'intérêt et d'éléments sociaux n'existant pas, une combinaison analogue à celle du congrès américain ne saurait avoir lieu.

J'entends déjà les légitimistes protester contre

cette conséquence en disant : « Rétablissez donc les anciennes divisions de la monarchie, rétablissez l'individualité des provinces qui avaient et qui ont conservé jusqu'à ce jour des mœurs et des intérêts plus ou moins divers; rendez-nous les pays d'états et les pays d'élection, restaurez tout cela, et alors vous aurez trouvé la seconde base élective qui vous manque aujourd'hui. »

Ceux qui parlent ainsi ne songent pas que l'histoire a marché, et qu'elle ne revient jamais sur ses pas. La fusion des éléments provinciaux, l'identité, l'homogénéité de la France est un des résultats les plus glorieux et les plus heureux d'une lutte demi-séculaire. Démanteler ce qui fut cimenté par tant de sang versé à l'intérieur aussi bien qu'à l'extérieur du pays serait chose perverse, si d'ailleurs elle n'était pas tout bonnement impossible.

Sans doute il existe maintenant sur le vaste territoire français des éléments hétérogènes et des tendances locales qui semblent s'exclure au premier coup d'œil. Mais à coup sûr ce ne sont pas les anciennes limites provinciales qui les caractérisent. Que signifient et que représentent donc ces tendances locales? Ce ne sont, pour la plupart du temps, que des tendances *industrielles*, qui, dans certaines *circonstances données*, semblent s'exclure réciproquement; ce sont des intérêts économiques qui luttent ensemble, faute d'une organisation normale. Tantôt c'est l'intérêt vinicole du Midi qui se dresse contre l'intérêt manufacturier du Nord, tantôt c'est l'intérêt commercial des ports de mer qui attaque l'intérêt agricole du centre, — et ainsi de suite.

Or, si vous parvenez à découvrir dans toutes ces tendances exclusives des principes politiques et constitutifs; si vous y trouvez des éléments de différences nationales et sociales; si vous me prouvez que ces éléments de différences impliquent une diversité de principes et d'intérêts *permanente*, et non passagère, une diversité fondée sur la nature même du pacte social, et non exposée d'un jour à l'autre à se métamorphoser du tout au tout par suite de telle ou telle mesure financière ou administrative, alors, mais alors seulement, j'admettrais la possibilité d'une double représentation élective, telle qu'elle existe en Amérique.

Mais, Dieu merci, il n'en est pas ainsi en France.
Comme dans toute grande nation il y a de temps
en temps des intérêts qui se croisent, qui se
choquent, il ne peut pas y en avoir qui s'excluent.
S'il en surgissait jamais, la faute en serait à l'administration; car c'est à elle à les concilier, ou
plutôt à les organiser.

Or, tous ces intérêts locaux, toutes ces tendances divergentes et momentanément hostiles, ne
sont que *trop bien représentés* à la Chambre des
Députés. N'est-ce pas précisément ce patriotisme
de clocher qu'on reproche aux délégués des dé-
partements? Ne sont-ce pas ces tendances exclusives, ces exigences des intérêts locaux qui exer-
cent une influence si fâcheuse sur la politique
générale du pays, et qu'on tâche vainement de
paralyser? Au lieu donc de chercher à renforcer
encore cette représentation des éléments *particuliers* de la nation, de ces éléments exclusifs autant
qu'éphémères, n'est-ce pas, au contraire, la
représentation des intérêts *généraux* et *substan-
tiels* qui doit nous tenir particulièrement à cœur?

Il y aurait lieu assurément à jeter ici un blâme
énergique sur les abus et les menées qu'a fait

naître ce système de représentation des intérêts
locaux, ce système de commandites des affaires
d'arrondissement ; — cercle vicieux dans lequel le
pouvoir force d'abord la main aux électeurs avant
l'élection, pour que les élus forcent ensuite la
main au pouvoir après l'élection. — Mais ne récri-
minons pas ; — d'autres avant nous se sont chargés
de ce soin ; cherchons plutôt à remédier au mal.
Ce régime qui, à une époque un tant soit peu
plus avancée que la nôtre en matière de corruption, pourrait dégénérer en un système de concessions et de concussions réciproques, éminemment préjudiciables à la moralité et aux grands
intérêts de la nation ; ce régime si aléatoire exige
un remède efficace ; or, ce remède ce n'est pas seulement dans la réforme électorale qu'il faut aller
le chercher. Loin de renforcer encore la représentation des intérêts *spéciaux et contingents*, cherchons au contraire à constituer un corps capable
de représenter par lui-même cette puissance *substantielle* et générale sans laquelle les sociétés
peuvent bien vivoter sans doute, mais jamais
ne sauraient vivre.

Eh bien, oui, acceptons franchement le fait ;

puisque c'est la Chambre des Députés en France qui s'est chargée *de fait* de représenter l'élément particulier des localités (et nous serions loin de blâmer le fait en lui-même s'il n'était devenu abusif faute de contre-poids), ne lui disputons pas ce partage, mais cherchons à l'équilibrer. En présence de cette représentation des intérêts particuliers et locaux par la Chambre des Députés, n'est-ce pas à la Chambre des Pairs qu'il appartiendrait de représenter l'élément universel, c'est-à-dire les intérêts permanents et les tendances *substantielles* de l'État, sous peine de vicier les fonctions vitales du régime parlementaire?

Ceci posé, il devient évident que l'élection pure et simple ne saurait satisfaire à ce besoin, et cela par la raison que la Chambre des Députés étant déjà le fruit de l'élection, il est de toute impossibilité de demander à cette même élection un résultat essentiellement différent en faveur de la Pairie. Si l'on voulait que la Chambre des Pairs émanât de la même source que la Chambre des Députés, évidemment elle n'en serait alors que la doublure. On aurait beau avoir recours à des modifications d'âge, de durée de mandat, etc., ce

ne serait tantôt que des entraves de plus imposées
au choix des électeurs, tantôt que des chances dé-
favorables de plus contre la sincérité de la représentation des intérêts généraux. En pareil cas, des
modifications ne sauraient suffire, il faut des différences fondamentales et bien tranchées, des principes constitutifs distincts et nettement posés.

A la vérité, si l'on tenait absolument au principe électif, l'on pourrait avoir recours, pour la
Chambre des Pairs, à l'élection indirecte. Mais
alors distinguons : l'extension des degrés d'élection aurait-elle lieu d'en bas ou d'en haut? c'est-
à-dire : élargirait-on à sa source la capacité électorale, ou bien voudrait-on faire émaner la Chambre
des Pairs du choix des élus actuels, c'est-à-dire
du choix de la Chambre des Députés elle-même?

Au premier coup d'œil les deux combinaisons
paraissent admissibles, mais voyons leurs inconvénients.

Quant à la première, supposé qu'il y ait lieu à
élargir l'assiette électorale en reculant sa base,
supposé qu'il y ait lieu à ajouter un second degré
inférieur à l'élection directe d'aujourd'hui, — je ne
vois pas pourquoi on n'admettrait pas cette com-

binaison au profit de la Chambre des Députés elle-
même plutôt qu'à celui de la Chambre des Pairs.
Ne serait-il pas pour le moins surprenant de donner
à celle-ci une origine beaucoup plus populaire
qu'aux représentants du peuple par excellence ?
On aurait beau appuyer sur la garantie inhérente
à l'élection indirecte, cela ne changerait pas
l'anomalie, car si cette garantie est vraiment
bonne et efficace, pourquoi vous roidissez-vous
contre elle quand il est question de l'appliquer à
l'élection de la seconde Chambre? et si au contraire elle ne vaut rien, il ne saurait non plus être
question de l'appliquer à la première. Ainsi l'élection à deux degrés se trouve péremptoirement
écartée par la simple raison que si jamais elle est
admissible, c'est à la constitution de la Chambre
des Députés et non à celle de la Chambre des
Pairs qu'elle doit appartenir.

Je vais au-devant d'une objection plausible. Aux
États-Unis, dira-t-on, c'est précisément le Sé-
nat qui émane de l'élection à deux degrés. —
C'est vrai, mais en revanche, la Chambre des
Représentants est le produit *direct du vote uni-*
versel. Réfléchisssez à cette différence et vous

verrez qu'il n'y a pas lieu à invoquer ici l'exemple de l'Union américaine. En Amérique le point de départ, la règle, c'est le vote universel; — le second degré que traverse le Sénat, constitue donc un étage *supérieur*, qui *concentre* l'élection; — en France au contraire, ce second degré agirait en sens inverse, il constituerait un élargissement de la base élective, un abaissement de la capacité électorale. L'élection indirecte n'agit donc en Amérique que comme restriction au suffrage universel, tandis qu'en France elle serait au contraire un acheminement vers lui. Par conséquent, au lieu de présenter la moindre analogie, cet exemple ne ferait que mettre encore plus en relief les différences fondamentales qui caractérisent les constitutions des deux pays.

Quant à la seconde combinaison qui consisterait à ajouter un degré d'élection *supérieur*, c'est-à-dire à faire élire les Pairs par les élus des électeurs actuels, par la Chambre des Députés elle-même, — elle offrirait un autre inconvénient.

Cette combinaison pourrait être admise s'il s'agissait d'une délégation ou d'une fonction gouvernementale comme cela eut lieu à Venise où le

Sénat était nommé par le Grand Conseil. Mais le Sénat vénitien était un corps administratif plutôt qu'une assemblée législative, et les *Prégadi*, membres de ce Sénat, siégeaient de droit dans le Grand Conseil. Tel n'est pas, à beaucoup près, l'idée du système bicaméral. Ce n'est pas une délégation qu'il réclame, c'est une double représentation d'éléments différents. Dans ce cas, l'élection d'une Chambre par l'autre serait un contresens. Que voudrait dire une Chambre représentative qui se ferait représenter à son tour pour s'opposer à elle-même? ce serait évidemment une superfétation.

Une Chambre des Pairs élue par la Chambre des Députés ne serait toujours qu'une émanation de celle-ci, de même qu'une Chambre des Pairs nommée par le Roi n'est et ne peut être qu'une émanation du pouvoir royal. Alors plus de principe distinct, plus d'*indépendance réelle*. Le même esprit animerait les deux Chambres, et la condition fondamentale du système bicaméral se trouverait complétement lésée.

———

III.

CHOIX DE LA COURONNE.

Cette considération nous amène directement à l'examen d'une autre condition du système représentatif qui consiste à assurer aux deux Chambres une indépendance absolue tant vis-à-vis l'une de l'autre qu'à l'égard des autres pouvoirs de l'État. Cette condition implique donc non-seulement une origine distincte *quant au principe*, pour éviter une superfétation inutile ou une double représentation d'intérêts identiques : mais au surplus elle revendique pour les deux Chambres une origine indépendante de fait aussi bien que de droit, une position immédiate et non dérivée; en un mot, elle exige une existence *pour soi et par soi*.

Or, la seule énonciation de cette condition est déjà une critique péremptoire de l'état actuel de la Pairie; car, de même que fonder la Pairie sur l'élection, de quelque manière qu'on l'envisage, serait sacrifier l'indépendance de la Chambre des Pairs au profit de la Chambre des Députés dont elle deviendrait dans tous les cas un appendice plus ou moins insignifiant, — de même lui donner pour origine le choix de la couronne, c'est la rabaisser au rang de simple corollaire de celle-ci, c'est-à-dire la réduire au rôle d'un conseil d'État, voire même à celui d'une commission.

En effet, une Chambre royale ou ministérielle offre le grand inconvénient d'être une Chambre représentative qui ne représente rien du tout, sinon l'arbitraire [1].

[1] Un publiciste a prétendu naguère qu'elle représentait, au sein de la législature, l'élément administratif. A ce compte, je ne sais pas trop pourquoi on ne créerait pas une troisième Chambre pour représenter l'élément judiciaire, et peut-être quelque autre élément encore. L'élément administratif a sa place marquée dans les rouages et les organes du régime constitutionnel. Cette place, c'est tout simplement l'administration elle-même. Certes, je ne suis pas de ceux qui professent la doctrine générale de l'incompatibilité des fonctions administratives avec les siéges de la législature, mais en revanche je

Et qu'on n'invoque pas ici contre l'arbitraire la soi-disant garantie des catégories; car, de même que le serait celle de la candidature, cette garantie est passablement illusoire. De pareils moyens termes sont toujours non-seulement impuissants d'une part, mais encore pleins d'inconvénients de l'autre. Ils ne peuvent qu'empêcher d'*user* d'un droit, jamais ils n'empêchent d'en *abuser*. Ils restreignent sans doute le cercle des possibilités, mais ils laissent néanmoins assez de latitude à toutes les velléités du pouvoir. Ils gênent, voilà tout; ce sont donc bien des entraves qui vicient le cours du fleuve, mais assurément ce ne sont pas des digues qui puissent le maitriser.

Livrée comme elle est dans son essence, dans son origine, dans son développement, à la discrétion du pouvoir exécutif, comment l'influence de la Chambre des Pairs ne se ressentirait-elle pas de

ne suis guère disposé à tomber dans l'excès contraire, et à inféoder spécialement toute une Chambre aux fonctionnaires publics et aux hommes de la politique d'affaires, comme le proposait M. Duveyrier. La véritable représentation de l'élément administratif au sein de la législature, c'est le banc des ministres.

Au reste, nous reviendrons plus tard sur cet élément administratif et sur ces rapports avec la Chambre des Pairs.

cette fausse position? Quelle est la consistance, la stabilité de traditions, quel est l'esprit de corps et de conservation qu'on peut espérer d'une assemblée politique exposée à subir une altération radicale de ses éléments au gré d'un ministère quelconque sur la première question venue, ou au premier semblant d'une opposition sérieuse? Quel que soit le mérite individuel (incontestable et incontesté, je ne me lasserai pas de le répéter) des membres d'un pareil corps, ce mérite individuel, fût-il le plus éminent, ne suppléera jamais au vice radical de l'institution en elle-même, et tous les efforts des individus seront impuissants pour prévenir ou empêcher le discrédit complet qui, tôt ou tard, menace l'institution.

Il en est de cette *altération possible* de la Pairie comme de l'altération des monnaies au moyen âge. En effet, quelle confiance peut-on placer dans le cours d'une monnaie lorsque la quantité d'alliage qu'elle peut contenir ou recevoir est livrée à l'arbitraire? Fût-elle du métal le plus pur, le public n'en voudra même plus faire l'essai, et la monnaie tombera en discrédit. Donc l'effet de cette seule suspicion, quelque peu fondée qu'elle

puisse être en réalité, rendrait cette monnaie in-
capable de remplir le but de son institution.

Et qu'on ne se retranche pas ici derrière l'exemple
de l'Angleterre, où la couronne possède effectivement le droit d'influencer la majorité de la Chambre
haute par une création de Pairs; un tel appel ne
prouverait qu'une connaissance très-superficielle
de la lettre seulement et non de l'esprit de la constitution des deux pays. Sans doute les promo-
tions à la Chambre haute sont en Angleterre un
droit de la couronne; elles sont de plus un droit
illimité qu'aucune catégorie ne restreint. Mais
d'abord elles n'y sont qu'une exception, car l'hérédité y constitue la règle, tandis qu'en France ce
sont elles qui constituent la règle, faute d'hérédité, ou de tout autre principe. Ensuite, avec les
mœurs politiques, le respect pour les institutions
existantes, les usages et l'empire de l'opinion qui
règnent en Angleterre, une fournée de Pairs, dans
la stricte acception du mot, y est une *impossibilité*
absolue, tandis qu'en France elle est devenue une
nécessité périodique. Abstraction faite des motifs
qui l'interdisent de l'autre côté du détroit, il y a
en France un fait qui la nécessite, savoir : la Pairie

ne s'y renouvelle pas autrement; on est donc bien obligé de combler les vides que la mort y occasionne, puisqu'elle ne possède aucun principe régénérateur en elle-même. Aussi, tandis qu'en France on approche souvent de la centaine dans une fournée de Pairs (ce qui a même eu lieu légalement sous la Restauration *malgré* l'hérédité), la création de *douze* Pairs seulement sous la reine Anne, en Angleterre, fut déjà considérée comme un coup d'État.

Il en résulte une différence essentielle entre la faculté de la couronne en France et en Angleterre à l'égard de la Pairie. Cette différence est tellement profonde que, d'un côté du détroit l'abus même de cette faculté est encore légal, tandis que de l'autre son usage légal lui-même est déjà un abus.

Après cela, libre à chacun de prononcer de quel côté se trouvent la vie, la force, l'indépendance et la dignité.

Voyons maintenant s'il est possible d'exiger d'une Chambre, privée d'un principe intrinsèque, d'une origine indépendante, et par conséquent dénuée de cette force, de cette dignité et de cette influence que possède de droit tout corps politique

franchement assis sur sa base, — s'il est possible,
dis-je, d'exiger d'une telle Chambre où l'esprit de
corps ne saurait se développer d'une manière
normale, qu'elle remplisse sainement et vigoureusement les fonctions que lui assigne l'idée du
système représentatif.

Et d'abord quel appui peut-elle prêter à la couronne puisque c'est la couronne elle-même qui
lui prête vie? Son point de départ étant la royauté,
et n'ayant en dehors de celle-ci aucun point d'appui, aucune assiette par elle-même ni en elle-
même, il est évident qu'avec la meilleure volonté
du monde elle ne peut donner que ce qu'elle a.
Vouloir la considérer à son tour comme point
d'appui de la couronne, c'est tomber d'une manière flagrante dans un cercle vicieux.

On a très-bien dit : « Rien n'appuie si ce n'est
ce qui résiste. » On pourrait également retourner la phrase et dire : « Rien ne résiste si ce n'est
ce qui appuie. » Convenons que la Chambre des
Pairs actuelle ne résiste pas plus qu'elle n'appuie.

Que si l'on voulait, malgré cela, établir absolument un lien de solidarité entre une pareille

Pairie et la couronne, l'on n'arriverait tout au
plus qu'à une communauté de défaveur qui ne
peut manquer d'atteindre à la longue une institution faussée, et de rejaillir par conséquent sur
l'institution mère. Il serait donc plus prudent de
décliner d'avance toute espèce de solidarité à cet
égard, car songer à appuyer le pouvoir suprême
sur une telle institution, serait l'établir à loisir sur
une base d'argile, tandis qu'il pourrait reposer
bien plus solidement sur son franc piédestal.

Il est donc évident combien peu était fondée
la crainte que l'émanation de la Pairie du pouvoir royal n'aboutit à rompre l'équilibre des
pouvoirs au profit de la couronne! Le cas
échéant, c'est bien plutôt au détriment de la couronne que ce dérangement d'équilibre pourrait
avoir lieu. La prépondérance effective que la
Chambre des Députés accuse depuis quelques années est une preuve suffisante de la justesse de
cette observation [1].

---

[1] Benjamin-Constant a signalé d'avance, avec beaucoup de pré-
cision, ce qui se manifeste aujourd'hui :

« Une Chambre nommée à vie par le Roi sera-t-elle assez forte
« pour contre-balancer une autre assemblée, émanée de l'élection

Ce serait donc une véritable garantie pour elle-même que la couronne gagnerait, en abdiquant son patronage direct sur la Chambre des Pairs et en organisant l'indépendance effective de celle-ci.

Quant aux fonctions strictement législatives, la Chambre des Pairs actuelle en a presque fait son deuil. Abstraction faite de quelques lois spéciales qu'on a de temps en temps la complaisance de porter d'abord à sa tribune, et sur la discussion desquelles cette Chambre répand alors les lumières qu'on a le droit d'attendre d'une assemblée aussi illustre, ne voyons-nous pas en règle générale combien peu d'importance on lui accorde dans l'exercice de ces fonctions? N'a-t-elle pas la main *forcée* tous les ans? n'est-elle pas obligée à l'issue de chaque session de voter en bloc et

« populaire? Dans la Pairie héréditaire, les Pairs deviennent forts de
« l'indépendance qu'ils acquièrent immédiatement après leur nomi-
« nation; ils prennent, aux yeux du peuple, un autre caractère que
« celui de simples délégués de la couronne. Vouloir deux Cham-
« bres, l'une nommée par le Roi, l'autre par le peuple, sans une
« différence fondamentale (car des élections viagères ressemblent
« trop à toute autre espèce d'élection), c'est mettre en présence les
« deux pouvoirs, entre lesquels précisément il faut un intermé-
« diaire : je veux dire celui du Roi et celui du peuple. »

presque en silence, ou plutôt d'enregistrer seulement une foule de lois du plus grave intérêt, dont la Chambre des Députés est devenue de fait l'unique et suprême arbitre ? Dès que les Députés sont en diligence, force est à la Chambre des Pairs d'adopter en toute diligence tout le bagage de lois qu'ils ont laissé après eux. Celle-là se plaint et proteste, on la laisse se plaindre et protester, et tous les ans c'est à recommencer [1].

Oui, la Chambre des Pairs n'est aujourd'hui qu'une chambre d'enregistrement, presque entièrement dépourvue du droit de discussion. Et cependant l'on discute au Luxembourg et souvent l'on y discute très-bien. Mais demandez au bon

[1] Dernièrement encore n'a-t-on pas porté le coup le plus sensible à la considération politique de cette branche du pouvoir législatif, en refusant de présenter d'abord à la Chambre des Pairs la loi sur la régence, où elle aurait pu être discutée à fond, pendant les travaux préparatoires de la Chambre des Députés, tandis que de la manière dont on s'y est pris, il est impossible de nier que cette loi constitutive ne soit émanée de l'autorité unique de la Chambre des Députés ? En vérité, je ne sais ce qu'il faut admirer davantage, de la longanimité de la Chambre qui tolère de tels abus, de l'ironie du pouvoir qui s'y prête si souvent, ou de l'impassibilité du public, qui n'en fait pas raison par une critique plus vive et plus accablante.

sens populaire comment il appelle la parole stérile qui ne peut plus être suivie d'effet.... Elle a beau paraître sous l'égide de l'autorité, de la raison et de l'expérience, dès qu'elle est impuissante de fait, dès qu'elle ne peut plus exercer d'influence sur une mesure votée, — on ne s'en inquiète plus.

Et ensuite vous vous en prenez aux petits et aux grands journaux à cause du manque de considération qu'ils affichent à l'égard de la Pairie! En vérité, au lieu de leur faire leur procès, faites-vous d'abord le vôtre!

Il n'y a rien d'aussi logique que le bon sens populaire pour tirer les conséquences des prémisses qu'on lui accorde. Prenez donc garde aux prémisses si vous appréhendez d'en subir les conséquences.

Le fait est qu'il n'y a maintenant en France qu'une seule chambre législative : quant au corps qui, dans le régime bicaméral, est censé représenter l'élément conservateur, il n'est lui-même qu'un conservatoire.

Si maintenant nous jetons un coup d'œil sur les attributions judiciaires de la Pairie, les inconvénients et les dangers résultant de son organi-

sation actuelle n'en sont encore que plus évidents.
Il suffit d'appuyer sur le mot de *commission* pour
en entrevoir toute la portée.

Comme partie du corps législatif, la Pairie possède à la rigueur un contre-poids dans l'autre
Chambre. A la rigueur encore elle possède la faculté d'entraver et empêcher, mais il lui est impossible de rien décider par elle-même; d'où il
résulte que si elle n'a pas la faculté de faire quelque
bien que ce soit, au moins ne peut-elle guère faire
de mal. Aussi, tout au plus, pourrait-elle être un
obstacle, — jamais elle ne saurait être un danger.
Comme cour suprême, au contraire, elle possède une omnipotence absolue, et cette omnipotence, qui serait elle-même un bien chez un
corps indépendant, donne lieu aux appréhen-
sions les plus graves dans sa constitution actuelle.
Tantôt l'esprit de vengeance, tantôt celui de l'im-
punité poussés jusqu'au système, telle est l'alternative vers laquelle tout ministère *peut* faire pen-
cher à son gré par une fournée de Pairs l'impar-
tialité de ce suprême Aréopage. Et qu'y pourrait
la Pairie elle-même?

Quelle est la garantie qu'offre une institution

dont il est au pouvoir d'un homme de changer la volonté au gré de ses désirs? Est-ce donc un pouvoir que celui qu'on peut à tout moment bouleverser de fond en comble ou tenir perpétuellement en lisière?

Encore une fois, faisons abstraction des personnes; car, lorsqu'il s'agit d'une loi ou d'une institution fondamentale, il y aurait presque folie perverse à compter sur la sagesse et sur le caractère des individus pour en contre-balancer à tout jamais les vices constitutifs. Sans doute les individus d'élite peuvent, jusqu'à un certain point et jusqu'à un certain temps, atténuer les vices des institutions ou au moins les cacher aux yeux du vulgaire; mais à la longue ils ne peuvent que succomber à la tâche, et tomber eux-mêmes victimes de leur dévouement à une cause perdue. Les remèdes les plus héroïques apportés à un mal incurable ne sont toujours que des palliatifs.

En résumé, une Chambre des Pairs, telle qu'elle existe aujourd'hui en France, n'est qu'une assemblée de notables, choisie au gré du Roi ou du ministère, au sein de laquelle l'influence politique dont jouit personnellement chacune des no-

tabilités individuelles qu'elle contient, se trouve
déprimée et paralysée. Cette considération est la
critique la plus sanglante qu'on puisse faire de
l'institution; car il est constant que toute association, que tout corps constitué, par la vertu même
du principe de l'association et de l'esprit de corps,
élève et exalte pour ainsi dire la force et l'influence que pourrait posséder chacun de ses membres pris isolément. Or, que penser d'une institution, d'un corps qui, au lieu de rehausser encore
ces forces individuelles, les déprime au contraire,
les engourdit, les invalide. Songez à ce que devrait être une assemblée composée de presque
toutes les célébrités, de toutes les sommités nationales, et comparez ensuite ce qu'elle devrait
être à ce qu'elle est. Ce n'est donc pas aux individus qui ont su s'illustrer bien avant que de fran-
chir le seuil de cette Chambre, mais au principe
de l'institution elle-même qu'il faut s'en prendre
de l'état d'abaissement et d'impuissance dans lequel nous la voyons tombée.

Aussi une nomination à la dignité de Pair n'est-
elle considérée aujourd'hui que comme un arrêt
de mort politique pour l'homme d'État qui s'en

trouve revêtu. Quelque exagération qu'il puisse y
avoir dans ce sentiment populaire, il ne manque
pas d'un certain fond de vérité, et c'est ce fond
de vérité qu'il faut reconnaître. Au surplus,
n'avons-nous pas vu cette dignité refusée par
ceux qui tiennent à poursuivre leur carrière politique, et un tel refus n'est-il pas l'arrêt de répro-
bation le plus décisif qu'on puisse prononcer
contre son état actuel? Oui, depuis la loi de 1831,
la dignité de Pair a éminemment baissé, et l'influence du corps s'est presque complétement
effacée. Paralysie et dépression, telle est, en deux
mots, l'effet de cette loi.

Tant que le choix des Pairs dépendra de la
couronne, cette cause de paralysie et de dépression existera.

On a bien pressenti cet inconvénient imminent
à l'époque de la discussion de la loi actuelle, et,
pour le prévenir ou l'atténuer, l'on avait proposé
le système des candidatures. Cette soi-disant garantie néanmoins, quand même elle eût été admise, n'eût été guère plus efficace que celle des
catégories. Selon que le système des candidatures eût été plus large ou plus étroit, il eût par-

ticipé aux inconvénients de l'élection directe ou à ceux de l'arbitraire ministériel, et, comme mesure bâtarde, il n'eût présenté aucun des avantages d'une combinaison pure, franche et supérieure.

Trève donc de moyens termes, trève à toutes les demi-mesures.

IV.

L'HÉRÉDITÉ.

Reste encore un principe franc et net, auquel on ne saurait adresser le reproche d'être un demi-moyen ou une combinaison bâtarde : je veux parler de l'hérédité. Celle-ci, il faut en convenir dès l'abord, répond à merveille à toutes les exigences du système parlementaire bicaméral, tel qu'il fut conçu jusqu'à ce jour. Principe distinct, indépendance effective, reproduction intrinsèque, représentation d'intérêts réels, stabilité à toute épreuve, esprit de corps et de conservation, garantie de lumières par suite d'une éducation spéciale, solidarité de traditions et de tendances,

participation continuelle à la gloire et aux intérêts
du pays, absorption et consécration de toutes
les supériorités nouvelles et de toutes les illustrations surgissantes, enfin garantie *matérielle* fondée
sur le fait de la *grande propriété*, et garantie *morale* fondée sur le principe « *noblesse oblige;* »
tels sont les attributs que ses adversaires les plus
déclarés ne peuvent de bonne foi se refuser à lui
reconnaître.

En présence de tant d'avantages que nous nous
empressons de constater, comment se fait-il qu'au
lieu de reconnaître l'hérédité comme principe
constitutif et indispensable de la Pairie française,
nous n'hésitions pas même un instant à nous prononcer définitivement *contre elle?* C'est que, dans
l'énumération de ces avantages, nous n'avons
tenu compte que de notre première donnée, et
que peut-être la seconde, c'est-à-dire l'état actuel
des opinions, des mœurs et des éléments sociaux
en France, et, au-dessus de tout cela, l'empire des
faits accomplis et la puissance de l'esprit du
siècle, y interposeraient leur veto décisif.

D'abord l'opinion publique. A la vérité, s'il n'y
avait que celle-ci à combattre, je crois que les

partisans de l'hérédité auraient aujourd'hui assez
beau jeu. Qu'est devenue, à l'heure qu'il est,
cette animosité implacable qui a précédé la discussion de 1831 et qui déjà, à l'époque du vote,
se trouvait sensiblement affaiblie? Mainte préven-
tion contre l'hérédité s'est évanouie, maint avantage de ce principe se trouve, sinon complète-
ment reconnu, au moins remis en question,
changement immense que même les champions
désespérés de ce principe n'auraient osé se promet-
tre de si tôt. Toutefois, qu'on ne s'y méprenne
pas, ce n'est nullement un retour positif vers cette
opinion déterminée qui caractérise aujourd'hui
l'opinion publique à cet égard, ce n'est qu'un
retour *sur elle-même*. Ce n'est nullement la restauration du principe, c'est tout bonnement la
restauration du doute.

En 1831 on criait : « A bas l'hérédité, » et l'on
croyait avoir tout dit. En 1844 on reconnaît qu'il
reste encore beaucoup à dire, qu'après avoir mis
l'hérédité à bas, il eût fallu élever autre chose,
que le *statu quo* d'aujourd'hui, si vague et si flottant, n'est plus tenable, et qu'il vaudrait *peut-être*
mieux revenir, en désespoir de cause, au prin-

cipe de l'hérédité, que de demeurer plus longtemps sur le sable mouvant des fournées ministé-
rielles.

Ce revirement de l'opinion publique peut bien
donner quelques lueurs d'espoir aux partisans de
l'hérédité quand même; mais, certes, il n'est pas
fait pour les satisfaire complétement. Il y a loin
d'une opinion à un doute, d'un désir à un pis aller. A tout prendre, l'hérédité ne serait aujour-
d'hui que le pis aller de l'opinion qui se voit portée à préférer un principe, arriéré sans doute,
mais logique et positif, à une négation vicieuse.

Ainsi, quant à l'opinion publique, elle n'est
nullement portée *pour* l'hérédité, mais elle a cessé
d'être absolument prévenue *contre* elle, ce qui
veut dire qu'elle se trouve dans le doute, dans le
vague. Par conséquent, cet état de l'opinion,
quelque peu hostile qu'on se le représente, serait
encore une entrave réelle au rétablissement de
l'hérédité. Il ne suffit pas que les flots de l'opinion n'arrêtent plus, il faut encore qu'ils portent.
Les nobles défenseurs de l'hérédité ne se conten-
teraient pas eux-mêmes, à coup sûr, d'un pareil
pis aller. Ils ont le cœur trop haut placé pour ac-

cepter une telle accession de guerre lasse et faute
de mieux.

Notre seconde instance, celle des mœurs, pré-
senterait déjà une résistance moins passive au rétablissement de l'hérédité. Quoi qu'on en dise, les
sentiments sont plus difficiles à dompter que les
convictions. Le raisonnement a souvent déjà ca-
pitulé que le for intérieur tient ferme, ou du moins
hésite encore. Et ne révoquez pas en doute la
légitimité du for intérieur; ayez foi dans ses inspirations, car souvent il embrasse d'une manière
spontanée tout le fond de la question, bien que
confusément encore et d'une manière plus ou
moins obscure, mais toujours juste et droite, tandis que le raisonnement l'illumine, à la vérité,
mais peut-être sous une seule de ses faces latérales.

Junius a très-bien dit : « *The people are seldom*
« *wrong in their opinions ; in their sentiments they*
« *are never mistaken.* »

Oui, le sentiment public constitue une autorité
bien supérieure à l'opinion publique elle-même.
Il est souvent aussi nécessaire que généreux de
braver celle-ci; il est toujours aussi dangereux que
déloyal de froisser celui-là. C'est au sentiment et

non à l'opinion populaire que se rapporte l'adage :
Vox populi, vox Dei.

Or, le sentiment du peuple, il faut en convenir, est aujourd'hui tout aussi hostile que jamais au principe d'hérédité. Le raisonnement juge le *statu quo* actuel, et le résultat de ce jugement est de le trouver insoutenable; donc il pourrait bien arriver, faute de mieux, à lui préférer l'hérédité, mais le sentiment national juge à son tour l'hérédité, et le résultat de ce jugement, c'est de n'avoir plus aucune foi en elle.

Quand même il serait possible de dire qu'il n'y a plus, dans la nation, de *préjugé* contre elle, il faudrait encore avouer qu'il y a dans les mœurs un *pressentiment* qui ne lui est guère favorable. Et quand bien même on se trouverait convaincu de ses avantages, on se roidirait encore à l'idée de donner un démenti si complet aux tendances de plus d'un demi-siècle d'histoire.

Mais supposons, pour un instant, que les défenseurs de l'hérédité soient sûrs de gagner leur cause, non-seulement devant le tribunal des opinions, mais encore devant celui des mœurs et des sentiments populaires (c'est supposer beaucoup,

je l'avoue, mais enfin supposons), il leur resterait à traverser encore une troisième instance,
vis-à-vis de laquelle il n'y a pas de prise possible.
Cette troisième instance, c'est l'état statistique des
éléments sociaux en France, c'est le domaine des
faits accomplis.

Pour former une chambre aristocratique, il faut
d'abord avoir une aristocratie. Personne ne contestera cette condition préalable. Eh bien, quand
même l'opinion publique serait complétement re-
venue de ce que l'on est porté aujourd'hui à nommer un égarement momentané, — quand même
les mœurs nationales s'accommoderaient de l'existence d'une caste privilégiée que les générations
précédentes ont mis tant d'ardeur à détruire, —
reste à savoir s'il y a encore une aristocratie en
France. Je veux dire une aristocratie réelle et
non imaginaire ou factice, une aristocratie basée
en même temps sur le fait et sur le droit, et non
sur le caprice des faiseurs de systèmes ou sur les
prétentions puériles des faiseurs d'embarras.
L'histoire de la Restauration se charge de la ré-
ponse. Si, après 1814, il a été impossible de reconstruire un véritable patriciat, faute de patri-

ciens, peut-on se faire encore la moindre illusion
à cet égard après 1830 ? En 1814, le droit était
sauf, le fait seul était ébranlé. Sans doute maintes
influences s'étaient déjà évanouies, maintes fortunes s'étaient déjà dissoutes, car tous les éléments de la société avaient passé par le chaos
d'une révolution; mais le principe, une fois res-
tauré, semblait être resté intact. Eh bien, ce
principe abstrait, dépourvu des conditions vitales
de sa réalisation, dépourvu, en un mot, de la matière aristocratique, est demeuré stérile. Il n'a pas
pu ou n'a pas su jeter de nouvelles racines, ni
pousser de nouveaux bourgeons. Par conséquent,
si l'absence d'une des conditions a frappé d'impuissance le vœu du législateur et les prétentions
des individus privilégiés, que peut-on espérer
après l'ébranlement de la seconde, c'est-à-dire
après la négation absolue du principe et du droit
proclamée solennellement à la suite de la Révolution de juillet?

Non, il n'y a plus d'aristocratie en France,
ceci est désormais un fait accompli. Quelques
belles exceptions ne sont là que pour confirmer
cette règle. Quelques anciens débris, quelques

nouveaux fondements, voilà tout ce qu'il nous est donné d'apercevoir. Il n'a pas été au pouvoir de l'Empire de créer une aristocratie nouvelle, tout comme il n'a pas été possible à la Restauration de restaurer ou de ressusciter l'ancienne.

Au reste, une aristocratie véritable ne saurait pas plus être créée que ressuscitée; elle se *suscite* d'elle-même, elle se trouve, se pose, vit et se développe par sa propre force. Quand on veut en ressusciter une, on ne fait qu'évoquer des *revenants*, quand on veut en créer une, on ne fait que des *créatures* [1].

Au surplus, cette question n'en est plus seulement à l'état de fait accompli, elle est bien plus

[1] Écoutons ce que disait Napoléon à l'égard de l'hérédité de la Pairie : « Prenez garde, elle est en désharmonie avec l'état présent « des esprits.... Et où voulez-vous que je trouve les éléments d'aris- « tocratie que la Pairie exige? les anciennes fortunes sont enne- « mies, plusieurs des nouvelles sont honteuses. Cinq ou six noms « illustres ne suffisent pas. Sans souvenir, sans éclat historique, sans « grandes propriétés, sur quoi donc ma Pairie serait-elle fondée? La « pairie anglaise est tout autre chose. Elle est au-dessus du peuple, « mais elle n'a pas été contre lui. Ce sont les nobles anglais qui ont « donné la liberté à l'Angleterre. La grande charte vient d'eux. Ils « ont grandi avec la constitution, et sont un avec elle. Mais d'ici à « trente ans, mes champignons de Pairs ne seront que des soldats

4

avancée, c'est déjà un *fait* reconnu par la *loi* et
ratifié par l'histoire. Il n'y a plus d'aristocratie en
France! L'histoire y a regardé à deux fois avant
de prononcer cet arrêt; il a fallu deux révolutions
pour le proclamer irrévocablement.

L'hérédité a été abolie par un grand acte de la
législature, et cet acte est le dernier écueil du
principe. Or, s'il y a eu peut-être un peu de légè-
reté et de précipitation à passer un tel acte, il faut
convenir qu'il y en aurait davantage à revenir
dessus. L'histoire ne recule jamais, les soi-disant
retours qu'on observe dans son cours ne sont eux-
mêmes qu'un développement en spirale, et par conséquent un progrès. Aux yeux du vulgaire ce sont
des répétitions historiques, des pas rétrogrades,
ou des restaurations si l'on veut, — tandis que des
yeux plus exercés savent apprécier l'abîme infran-
chissable qui sépare les révolutions de l'hélice. Ces
revirements sont nécessaires à la marche de l'esprit
humain, ils constituent même le vrai progrès

« on des chambellans. L'on ne verra qu'un camp ou une anti-
« chambre. »

Il n'est permis qu'à un Napoléon de s'exprimer aussi crûment,
mais, à coup sûr, il est permis à d'autres d'être de son avis.

qui, soit dit en passant, ne s'opère jamais en ligne droite, direction des corps inanimés.

Lorsqu'un principe longtemps vivace arrive à un désaccord flagrant avec les opinions et les mœurs d'une nation, il est impossible de disculper le principe lui-même, il faut bien que son temps soit fait. Oui, certes, il y a eu du vrai dans cet élan spontané des masses, dans ce soulèvement presque unanime de boucliers contre l'hérédité de la Pairie. Aujourd'hui les passions se sont calmées, l'effervescence s'est apaisée, mais les raisons sont restées, et surtout le résultat subsiste. Quant aux raisons, nous n'en sommes plus à leur analyse, car le temps a marché. Il y en avait assurément d'excellentes des deux côtés (en manque-t-il jamais aux gens d'esprit?) mais aujourd'hui elles seraient impuissantes de part et d'autre, car la question est portée sur un tout autre terrain. Ces raisons appartiennent désormais au *Moniteur*, ce grand historiographe de notre époque, — c'est là leurs catacombes.

Le fait *accompli* et *reconnu* a une grande puissance en histoire. Quiconque se roidit naïvement contre lui succombe à la tâche. Le véritable homme d'État le saisit, le développe et le fait avancer vers ses conséquences normales. En enrayant, en reculant, l'on froisse à la longue toutes les opinions, et l'on s'éloigne de plus en plus de leur foyer commun; au contraire, en développant, en avançant, l'on parvient à satisfaire aux exigences les plus contradictoires. Ce n'est que sur un nouveau plan que se rallient et se confondent les opinions arriérées avec les opinions progressives, tandis qu'en restant sur place ou en rebroussant chemin la divergence ne peut qu'augmenter.

Marchez donc et ne reculez jamais.

Où aller? voilà la question.

DEUXIÈME PARTIE.

ORGANISATION.

V.

NOUVEAU PRINCIPE.

Depuis Isaïe le grand prophète jusqu'à Napoléon, qui certes était aussi un *voyant*, tous les grands hommes ont continuellement proclamé la nécessité de remplacer par quelque chose de nouveau ce qu'ils avaient à abattre. Toutes les fois qu'on a étouffé la lampe qui vacillait encore sans en allumer une nouvelle, toutes les fois qu'on a brisé sans songer à reconstruire, on a occasionné une calamité, ou tout au moins une anomalie.

Voilà ce qui vient d'arriver à la Pairie française;

car de bonne foi est-il possible de nommer quelque chose ce qu'on a fait pour elle en 1831 ? On a aboli l'hérédité parce qu'il n'était plus possible de la conserver, on n'a pas institué l'élection parce qu'il n'y avait pas lieu à l'instituer. On a donc fait table rase des seuls fondements reconnus possibles et solides; et en privant ainsi l'édifice de toute base, on s'imagina qu'il ne croulerait pas! En vérité, s'il n'a pas croulé encore, au moins s'est-il déjà bien affaissé.

Une sorte de fatalité semble avoir pesé en 1831 sur la législature. On ne peut pas dire qu'elle ait tâtonné, au contraire, elle eut une conscience très-claire des exigences et des difficultés de la question sans arriver malgré cela à un résultat positif. Après avoir battu et rebattu tous les vieux sentiers, on trouva que chacun d'eux aboutissait à une impasse, et l'on ne se douta même pas de la possibilité d'une issue nouvelle. On disséqua et analysa stérilement tous les principes connus, comme s'ils avaient à tout jamais le monopole de la question. On reconnut parfaitement qu'en fait de principes constitutifs strictement logiques, il n'y avait que l'hérédité et l'élection; que toutes les autres modifications proposées n'étaient que des expédients non viables; mais ne pouvant se prononcer ni pour l'un ni pour l'autre de ces principes, et ne pouvant pas non plus tenter une combinaison amphibie qui, additionnant mécaniquement les deux principes, eût fait siéger dans la même Chambre des membres d'origine différente et eût occasionné par conséquent une scission permanente entre ses éléments constituants, on s'arrêta à une combinaison malheureuse qui annulait de fait la Chambre des Pairs en la métamorphosant en une espèce de conseil d'État.

Après une telle discussion et après une telle expérience, — après nous être convaincu nous-même par l'analyse qui précède que les principes sus-mentionnés ne sauraient désormais servir de base à la Pairie française, et qu'enfin le *statu quo* n'est plus tenable, faut-il désespérer de l'avenir de la Pairie?

Nullement. — Qu'on me permette ici de répéter la phrase consacrée : *Il y a quelque chose à faire*. Je profiterai de cette permission à une seule condition, indispensable à mon avis, mais que l'on oublie malheureusement en pareille occasion, — c'est d'indiquer précisément ce qu'il y aurait à faire.

Au lieu de s'obstiner à tourner dans le même cercle, il faut se frayer une nouvelle issue et chercher un nouveau principe. Si ce principe existe, il faut non-seulement qu'il réponde à toutes les conditions que nous avons énoncées en posant le problème, mais il faut au surplus que ce nouveau principe légitime son existence vis-à-vis des principes antérieurs, c'est-à-dire qu'il se pose comme leur conséquence immédiate et leur complément nécessaire. En qualité de nouveau venu, il est tenu d'exhiber ses titres, et ce n'est qu'à cette condition que nous reconnaîtrons sa validité.

Le nouveau principe, c'est la *reproduction de soi par soi;* c'est le renouvellement intrinsèque de la Chambre des Pairs par elle-même, en un mot, c'est le principe de *cooptation.*

Supposons une Chambre des Pairs composée d'éléments plus ou moins analogues à ceux qu'elle possède aujourd'hui, c'est-à-dire supposons-la composée de toutes les *illustrations* nationales, des individus les plus distingués dans quelque carrière que cela soit, des hommes à qui leur mérite,

leurs services, leurs talents, enfin leur position sociale assurent une influence quelconque, pourvu
qu'elle soit large et effective, sur l'esprit et les affaires du pays ; — supposons, en un mot, une
Chambre des Pairs composée de toutes les nota-
bilités, de toutes les supériorités, de toutes les hautes spécialités de la nation ; supposons cette Chambre constituée d'une manière *inamovible*, non-
seulement dans le sens spécial de l'inamovibilité
de ses membres, dont la Chambre actuelle est également douée, mais dans le sens général de l'inamovibilité de sa majorité et de son esprit de corps,
c'est-à-dire ne relevant de personne, n'ayant de
compte à rendre à qui que ce soit, excepté à Dieu
et à l'histoire, et délivrée à tout jamais de l'appréhension de se voir envahie par une fournée de
Pairs, qu'un pouvoir extérieur serait tenté d'y
introduire pour en modifier à son gré l'esprit ou
l'action. Une telle Chambre ainsi constituée ne
manquerait pas de développer aussitôt un esprit
de corps, une force intrinsèque et une consistance qu'on y chercherait en vain aujourd'hui, et
se relevant immédiatement dans l'opinion politique, elle commencerait à exercer sur celle-ci,

ainsi que sur la vie publique de la nation, une influence vigoureuse que nous allons tâcher de caractériser.

Quant à la crainte d'une prépondérance exclusive et d'envahissement de la part d'un corps ainsi constitué, nous y reviendrons tout à l'heure; — qu'on nous permette d'abord de développer l'idée *organisatrice*.

Dès que la mort rendrait un siége vacant, la Chambre procéderait elle-même à son remplacement par une élection semblable à celle au moyen de laquelle se recrutent les académies. Elle chercherait à remplacer le membre qu'elle aurait perdu, en choisissant son successeur autant que possible dans la classe et dans la spécialité du défunt, c'est-à-dire elle choisirait une illustration ou une notabilité analogue à celle qui lui aurait été ravie, afin de ne jamais laisser en souffrance la représentation effective d'aucun des éléments sociaux. La Chambre elle-même serait ainsi constamment juge du mérite de ceux qu'elle introduirait dans son sein, et, alors, soyons-en sûrs, l'esprit de propre conservation et de dignité corporative, joint au sentiment intime des besoins de l'État que, par sa position, elle se trouvera le plus à même d'apprécier, sera un garant parfait de la validité et de la convenance de ses choix.

Vis-à-vis d'un tel corps, il n'y a pas d'autre candidature possible que la candidature du talent, du mérite et des services rendus à la chose publique. Pas plus de candidatures que de catégories; la Chambre doit être libre dans ses allures pour qu'elle soit féconde et vigoureuse dans son mode d'action.

Ayons confiance dans la sagesse et dans l'esprit de propre conservation d'un corps indépendant par son principe, influent sur les affaires de l'État par sa position politique, et composé de l'élite de la nation, de tous les genres de mérite dont il se trouve être lui-même l'arbitre. Si, entre tous les candidats possibles, il ne choisit pas toujours le plus digne, — question qu'il est souvent impossible de trancher d'emblée, — soyons sûrs que, jaloux de sa propre dignité, il choisira toujours *l'un des plus dignes*. L'autre en sera quitte pour attendre; et, alors, l'admission du vrai mérite ne sera plus ou moins qu'une question de temps.

En effet, il est impossible de supposer que la nouvelle Chambre des Pairs, par un esprit de parti éminemment exclusif, se refuse d'ouvrir ses portes à quiconque lui serait suspect de ne pas partager les opinions de la majorité dans telle ou telle question donnée. Par respect pour sa propre considération, par ce sentiment énergique et noble d'ambition corporative qui doit constituer sa force intrinsèque, elle sera nécessairement portée à admettre dans son sein les capacités reconnues, les spécialités indispensables, les sommités sociales, le vrai mérite, en un mot, qui impose à la longue aux petites passions, et qui exalte toujours les grandes; elle sentira bien qu'il ne s'agit pas, pour elle, de s'assurer la majorité sur telle ou telle question spéciale qui, dans un moment donné, peut préoccuper les esprits, mais qu'il s'agit de sa prépondérance constante, de ce respect absolu qu'elle est en devoir d'inspirer à l'opinion publique, si elle tient à maintenir la position forte et indépendante que le nouveau principe lui donnera. Elle s'ouvrira donc, de droit et de fait, à toutes les véritables illustrations nationales que la saine opinion publique lui aura

désignées à l'avance. Oui, la Chambre des Pairs
ne fera, en quelque sorte, que ratifier les décrets
immuables de l'opinion, non de cette opinion
passagère qui se nomme engouement, mais de
cette opinion véritable qu'on ne méconnait jamais impunément, de cette opinion supérieure
dont la Pairie elle-même deviendra, à la longue,
le plus puissant foyer et la source la plus féconde.

Quand il y va de la vie même d'un corps politique, de son influence, de sa force, de sa considération, de ses intérêts les plus graves et les plus
intimes, quand, au surplus, ce corps ne relève
que de lui-même, et quand, par conséquent, il
ne dépend que de lui *d'être* ou de *n'être pas*, de
se maintenir ou de tomber, — soyons tranquilles
sur son compte, il ne choira pas.

Nous allons passer en revue les avantages inhérents au nouveau principe ainsi que les garanties qu'il présente, tant contre les tendances exclusives ou rétrogrades que contre les empiéte-
ments à appréhender de la part d'une Pairie
cooptative. Plus nous avancerons dans l'analyse
de la nature, du but et des conséquences de cette
institution, plus ces garanties nous paraîtront

évidentes, et plus nous nous convaincrons que la
nouvelle Pairie une fois entourée de l'auréole de
l'estime publique qui s'attache aisément à tout ce
qui est vraiment noble, actif et indépendant, ré-
pondra aux exigences de sa position élevée.

VI.

CONSEQUENCES POLITIQUES ET SOCIALES
DU NOUVEAU PRINCIPE.

Remarquons, dès l'abord, qu'à l'aide de ce
nouveau principe, ce corps, qui exerce, dans le
système parlementaire les fonctions de cour suprême en matière de délits politiques, se trouverait en même temps constitué en aréopage suprême, non plus seulement pour juger les délits,
mais encore pour apprécier les services rendus à
l'État. En effet, l'admission dans le sein de la
Pairie deviendrait la plus insigne des récompenses
nationales, et, en prononçant cette admission,
la Chambre témoignerait que le nouveau Pair a
déjà bien mérité de la patrie, ou, tout au moins,
qu'il a donné des gages suffisants des services

que le pays a droit d'attendre de sa coopération.

Cette faculté serait donc un complément positif, nécessaire et logique aux fonctions judiciaires
dévolues à la Pairie, et celle-ci deviendrait, en
conséquence, dispensatrice suprème des peines
et des récompenses politiques.

Nelson s'écriait en mourant : « J'ai gagné un
tombeau dans Westminster ! » Pourquoi un Français, après une action d'éclat, ou dans la conscience des services rendus à la chose publique,
ne pourrait-il pas se dire : « J'ai gagné un siége
au Luxembourg ! »

La dignité et les fonctions de Pair de France se
trouvant ainsi constituées en magistrature suprème
dans l'État, c'est vers elles que se tourneraient
toutes ces ambitions personnelles, si turbulentes à
l'heure qu'il est, ces ambitions qui s'acharnent aujourd'hui à la poursuite de portefeuilles, et auxquel-
les il a été question de ménager une issue par la
création d'un conseil privé. Cette *passion des places*,
que M. de Tocqueville a si bien caractérisée à la tribune, est un fait qu'il n'est plus possible d'ignorer
ou de négliger, d'autant moins qu'il est une con-

séquence nécessaire de ce qu'on nomme la démocratie nouvelle. Ce n'est pas, assurément, par de beaux préceptes de morale qu'on étanchera cette soif; les faits exigent des mesures et non-seulement des préceptes; de bonnes institutions, et non-seulement de belles maximes.

M. de Tocqueville a démontré que cette passion existait. — Eh bien, soit, acceptez-la; il a dit qu'elle était déréglée, — eh bien, réglez-la. Il a dit encore qu'elle était une maladie sociale, — eh bien, métamorphosez-la en fonction vitale. Ne vous évertuez pas à la flétrir, à la condamner. Profitez-en, au contraire, utilisez-la, ennoblissez-la.

On vous prêche l'abnégation, mais songez-y donc, ce n'est qu'un moyen *négatif*, c'est-à-dire ce n'est pas un moyen, c'est une échappatoire. Quand donc parviendra-t-on à comprendre toute l'insuffisance et tout le danger des moyens négatifs et restrictifs en économie sociale? D'ailleurs l'abnégation est tantôt sublime, tantôt ridicule. Elle est sublime, quand elle est spontanée; ridicule, quand elle est imposée.

Supposons pour un instant que les hommes de

mérite et d'action, les hommes de cœur et d'intelligence s'avisent de suivre ce conseil, et se mettent à l'écart *pour donner un bon exemple.* Qu'en résultera-t-il? Les médiocrités de toute espèce s'en réjouiront de bon cœur, et se rueront à qui mieux mieux sur les places vides. Vous aurez beaucoup gagné à l'échange!

On a dit qu'il n'y avait rien de plus triste qu'un sacrifice inutile, que dire donc d'un sacrifice pernicieux? Ainsi au lieu d'étouffer ces tendances *ambitieuses* que l'esprit du siècle a provoquées, il faut les satisfaire. De stériles, il faut les rendre fécondes; d'égoïstes qu'elles sont, il faut les rendre sociales.

Napoléon a bien dit : « Ouvrez une carrière aux talents et au mérite! » Il sentait bien l'imminence de ce besoin du siècle, il comprenait bien ce *droit du mérite,* parce qu'il était devenu grand lui-même par la grâce de son génie et de son mérite.

L'ordonnance instituant les ministres d'État vient déjà en quelque sorte de reconnaitre ce fait, je dirai même ce *droit;* — elle a constaté implicitement la nécessité de *placer* d'une manière stable et permanente les hommes qui se sont déjà trouvés à la tête des affaires du pays, ainsi que ceux qui, d'un jour à l'autre, pourraient y être appelés. Reste à savoir si, au lieu de créer un nouveau corps en dehors des éléments constitutifs de l'État, un corps auquel après tout l'on ne sait trop quelles attributions accorder, il ne serait pas plus facile et plus rationnel de faire engrener ce besoin dans un rouage tout prêt, et d'élever ainsi l'un et l'autre à une plus haute puissance. Réformez la Chambre des Pairs et vous ne serez plus obligés de former un conseil privé ou de nommer des ministres d'État.

Sans préjudice de la discussion qui s'ouvrira peut-être sur l'institution des ministres d'État, nous nous permettons l'observation suivante : l'alternative d'empiétement ou de servilité, d'abus ou de nullité que présente l'histoire du conseil privé en Angleterre ne parle guère en faveur de son établissement en France, tandis que toutes les raisons qu'on apporte à son appui sont parfaitement applicables à la réforme de la Pairie que nous indiquons.

Sans doute il y aurait une considération finan-

cière assez importante à faire valoir plutôt en faveur de l'établissement des ministres d'État que
de notre proposition. C'est qu'une trentaine de
ministres d'État ne pèserait pas tant sur le budget
des contribuables qu'une Chambre des Pairs comp-
tant ses membres par centaines, et auxquels il faudrait assurer de toute nécessité une position indépendante et convenable à la dignité dont ils
seraient revêtus, si l'on veut que l'institution elle-
même réponde aux conditions que nous exposons.

Jadis la position sociale des Pairs suppléait elle-
même à cette nécessité, et la condition imposée
sous la Restauration à chaque nouveau Pair d'instituer un majorat fut, dans son temps, rigoureusement logique. Mais aujourd'hui que la Chambre
des Pairs ne se recrute plus et ne doit plus se
recruter exclusivement au sein des classes les
plus favorisées par la fortune, il est indispensable
de ménager à ces hauts dignitaires de la nation,
moyennant une position assurée, la faculté de va-
quer pendant toute leur vie aux intérêts de l'État.
Autant un salaire déterminé nous semblerait peu
compatible avec les fonctions de représentant du
peuple, parce que ces fonctions étant amovibles,

leur rémunération donnerait lieu à une foule d'inconvénients et d'abus, favoriserait la brigue, le népotisme et toute espèce de calculs en dehors des véritables intérêts des commettants et fausserait en dernière analyse les élections dans leur principe et dans tout leur jeu (ce qui ne veut pas dire néanmoins que nous nous prononcions contre une indemnité modique et passagère pendant les travaux de la session), autant en revanche la garantie d'un traitement suffisant pour assurer l'indépendance de ses membres est une nécessité pour un sénat inamovible. Nous n'appuyons pas davantage sur cette nécessité, car sans que nous ayons besoin d'y revenir, elle se fera sentir dans la suite comme conséquence rigoureuse du nouveau principe.

Voilà pour ce qui est de la question politique; quant à la question financière nous ferons d'abord observer qu'il serait bien triste d'être obligé de supposer qu'une couple de millions de plus ou de moins sur un budget tel que celui de la France puisse contre-balancer la considération d'un grand intérêt national. Ensuite, en y regardant de plus près, nous trouverions que la différence de dépenses occasionnées par la Chambre des Pairs ou par l'in-

stitution des ministres d'État ne serait guère considérable, si l'on a recours à des dispositions convenables. En interdisant, par exemple, le cumul du
traitement de Pair avec celui de toute autre fonction publique, — en accordant une faculté complète de renoncer à ce traitement à tous les membres auxquels leur fortune et leur position sociale
permettraient de s'en passer, on restreindrait con-
sidérablement le nombre de ces traitements ; car
la Chambre des Pairs devenant d'un côté un corps
de réserve pour alimenter les fonctions supérieures
de l'État, et de l'autre se recrutant *en partie* elle-
même parmi les classes aisées, le nombre des
membres qui n'entreraient pas dans l'une ou l'autre
de ces classes ne dépasserait pas de beaucoup celui
des membres du conseil privé.

Et qu'on ne se récrie pas d'avance contre la
supposition que nous faisons de la présence d'une
masse de fonctionnaires publics dans la Chambre
haute. D'abord, examinons la Chambre actuelle,
et voyons si elle n'en contient pas, de fait, un
nombre considérable, et si, grâce au système des
catégories, elle ne se recrute pas en grande partie
de droit dans le corps des fonctionnaires. Dans

notre système, le contraire aurait plutôt lieu, c'est dans ce sénat surtout que se recruteraient les hauts fonctionnaires de l'État. Nous voilà donc revenus à ce que l'on a nommé la représentation de l'élément administratif et de la politique des affaires au sein du parlement. Loin d'être hostile à cette représentation, nous l'appuyons, au contraire, de toute la force de notre conviction; seulement, tant qu'elle n'était posée que de fait, sans principe constitutif et intrinsèque, nous ne pouvions lui reconnaître de vitalité. Ensuite, remarquons que l'interdiction du cumul des émoluments ôterait d'emblée à cette circonstance tout ce qu'elle pourrait avoir d'offusquant, puisque en acceptant des fonctions salariées, ce serait bien plus l'intérêt du pays que l'intérêt privé que les Pairs auraient en vue. Car ce n'est nullement pour *se placer* qu'un Pair accepterait telle ou telle fonction publique, étant déjà *placé* en qualité de Pair. S'il *prend* donc du service actif, ce sera réellement pour *rendre service* à l'État. De cette manière, les fonctions publiques elles-mêmes, acceptées par un Pair, deviendraient indirectement plus ou moins gratuites, pui -

qu'elles impliqueraient une renonciation au traitement de Pair, et, par conséquent, l'acceptation
de ces fonctions aurait pour mobile une noble
et féconde ambition et non une cupidité mesquine.

C'est ainsi que cette soif de places qu'on a con-
statée comme un *fait*, et que nous venons de si-
gnaler comme un *droit* dans l'état actuel de la société et des mœurs, ce besoin de carrière, d'influence et de position politique, se trouverait
complétement satisfait par l'existence même de la
nouvelle Chambre des Pairs. Cette assemblée offrirait une large issue à ce torrent d'ambitions
individuelles qu'on peut qualifier tant qu'on voudra d'impatientes ou d'importunes, mais qu'on
ne saurait jamais taxer d'inconséquence. On a
tant répété que toutes les barrières étaient tombées, que toutes les carrières étaient ouvertes,
que la participation au gouvernement était ren-
trée dans le droit commun, qu'à force d'entendre
dire toutes ces belles choses, la foule finit par
prendre les diseurs au mot. Passe encore pour la
foule, elle se laisse parfois payer de belles paroles;
— mais les gens d'esprit, — et il y en a une foule,

même dans la foule, — vont droit au fait. Ils ont donc trouvé qu'il était temps de régler les comptes ouverts, et de subir les conséquences des principes posés.

En admettant donc le fait, et même le droit, tâchons de maîtriser l'irruption de ce torrent, né d'hier. Il n'est encore que perturbateur, n'attendons pas qu'il devienne plus alarmant. Détournons-le de la voie du ministère sur lequel il se rue, et tâchons de l'écouler dans le vaste et puissant réservoir de la nouvelle Pairie. En un mot, ouvrons aux petites ambitions personnelles une large voie d'*ambition sociale*.

Ce que M. Thiers a dit un jour, à propos de l'aristocratie nobiliaire, pourrait s'appliquer à bien plus forte raison encore à l'aristocratie intellectuelle. En donnant un champ spécial et pour ainsi dire un débouché à l'activité de celle-ci, vous la régulariserez et vous l'organiserez, tandis qu'en la laissant en dehors de la vie politique, vous lui permettrez de prendre une direction hostile et subversive.

Vous aurez beau faire, il surgira toujours dans tous les temps et dans tous les lieux des supério-

rités naturelles qu'aucun rabot ne saurait entamer.
En les reconnaissant, vous en ferez des pierres
angulaires de l'édifice social ; en les méconnais-
sant, vous en ferez des pierres d'achoppement.

S'appuyer ou trébucher sur elles, c'est à choisir....

Si aujourd'hui un *ambitieux* ne *parvient pas à
parvenir*, il s'en prend à la société, — il ne se
contente pas de déclamer contre elle, il la mine
ouvertement ou sourdement. En présence d'une
Chambre de Pairs cooptative, rémunératrice du
vrai mérite, il ne tiendra plus qu'au mérite lui-
même d'occuper la place qui lui revient. Un peu
plus tôt, un peu plus tard, cela ne peut pas entrer en ligne de compte. L'admission ne saurait
longtemps se faire attendre par quiconque en
sera réellement digne et la briguera dignement.—
Une fois admis par le jugement de ses pairs, sa
position est faite, sa carrière est largement ou-
verte, ses *droits* sont fortement établis, — mais
c'est alors précisément que ses plus grands *devoirs* commencent.

Il serait pour le moins oiseux d'entrer dans une
analyse détaillée de ce que nous appelons ici *de-*

voirs. En désignant tout à l'heure la nouvelle Chambre des Pairs comme un corps de réserve pour alimenter les premières fonctions de l'État , et en signalant plus haut la nécessité de représenter dans cette Chambre *l'élément général* des grands intérêts de la nation, en opposition aux intérêts particuliers et souvent par trop mesquins des localités ou des spécialités exclusives[1], nous en avons déjà indiqué l'étendue aussi bien que la portée.

Nous reviendrons encore sur ces considérations de politique sociale. Maintenant, qu'on nous permette d'élargir un peu l'horizon de la question en portant celle-ci sur un terrain nouveau.

[1]. Voyez le chap. II.

VII.

NÉCESSITÉ D'UNE PUISSANCE *SUBSTANTIELLE* DANS L'ÉTAT.

Il existe une plaie immense qui menace d'envahir la société actuelle; cette plaie s'appelle, en terme général, l'*individualisme* : c'est l'isolement progressif des individus, des localités et des spécialités; c'est le jeu perpétuel de l'égoïsme qui a secoué toute autorité, tout lien substantiel. Tandis que la société gravite évidemment vers une organisation de plus en plus normale, les individus s'isolent dans leurs tendances, dans leurs opinions et dans leurs actes. Un esprit aussi mesquin qu'exclusif s'est emparé de la masse dominante de la nation, de ces *classes moyennes* surtout qui, à elles seules aujourd'hui, constituent le pays légal.

Qu'en est-il résulté jusqu'à ce jour? dénûment et impuissance. Un manque de foi dans les opinions et dans les institutions politiques a envahi cette soi-disant démocratie qui, naguère, semblait surgir avec tant de force et d'éclat.

Ce que vous décorez aujourd'hui du beau nom de démocratie nouvelle, croyez-vous bien que cela soit une vraie démocratie? Croyez-vous qu'après avoir brisé les liens, détruit les priviléges et nivelé les influences anciennes, la Révolution soit arrivée à son but idéal? Allons donc!....

Pour exprimer ma pensée par une formule précise, je dirai qu'elle a remplacé les influences de *qualité* par des influences de *quantité*.

Aujourd'hui, c'est le *nombre* qui domine et qui règne. Il a beau se traduire en argent, en voix, ou de quelque manière que ce soit, c'est toujours une question de chiffres.

Bien que cette puissance du *chiffre* ne soit pas encore arrivée dans notre vieille Europe au degré d'envahissement qu'elle accuse en Amérique, il n'en est pas moins vrai qu'elle y a déjà conquis

une prépondérance bien tranchée, et que l'inégalité de quantité a passablement renchéri sur l'ancienne inégalité de qualité.

Si vous allez me citer quelques rares exceptions,
je vous répondrai que toute règle sans exception
ne serait elle-même qu'une singulière exception.
En citant donc quelques faits isolés, vous ne ferez
que constater le fait général; en signalant l'exception, vous ne faites que confirmer la règle.

Qu'en résulte-t-il ? c'est que cette égalité, tant
vantée et si pompeusement proclamée, existe bien
devant le droit, mais n'existe nullement devant le
fait.

« Mais c'est qu'elle ne peut pas exister ainsi. »
— Ah ! vous y voilà. Sans doute elle ne peut pas
exister de la manière dont on l'entend, car l'égalité ainsi conçue n'est qu'une idée abstraite, exclusive, unilatérale, — creuse enfin, si vous voulez; et, pour lui donner un sens réel, il faut absolument l'étayer, la compléter par le principe contraire, par son principe complémentaire.

C'est-à-dire qu'après le négatif, il faut du positif; — après avoir désorganisé, il faut *organiser*.

Si l'égalité est un mensonge, une vide abstrac-

6

tion, savez-vous à qui la faute ? à ses partisans aveugles et exclusifs bien plus encore qu'à ses adversaires les plus prononcés; car ces derniers, en niant un droit acquis, ne font que se compromettre eux-mêmes, tandis que les autres compromettent le principe, en dévoilant toute sa nudité, toute son impuissance.

L'on prétend que l'égalité est le mot d'ordre du siècle, — et que, surtout en France, la passion de l'égalité est devenue dominante. Franchement, je crois que l'on se trompe. D'abord, nous venons de dire que l'égalité n'est qu'un des côtés de la question sociale. Cette question serait en effet bien simple et bien pauvre, si elle ne se réduisait qu'à cela. Heureusement le principe d'*organisation* commence à se faire jour et se pose à côté de celui d'égalité pour le compléter, le vivifier, et même pour le réaliser; car ce dernier principe, malgré tout le sang qu'il a fait couler, ne saurait parvenir tout seul à se féconder lui-même; il est abstrait, donc il restera stérile aussi longtemps que son mariage avec le principe d'organisation ne viendra pas le féconder. Alors, — mais alors seulement, il conquerra le monde.

Au moyen âge, le principe démocratique égalitaire se posa, se développa pleinement dans l'Église. *L'activité* absolue de chaque individu y fut reconnue de la manière la plus complète et la plus solennelle. Mais, à côté de ce large principe d'égalité, nous voyons surgir le grand principe d'ordre *hiérarchique*, qui lui prête sa force organisatrice, qui le munit d'institutions positives, et ce n'est que du mariage de ces deux principes réciproquement complémentaires et indispensables l'un à l'autre que sortit cette grande et puissante réalité qui, durant toute une époque, guida les destinées du monde....

Mais, sans nous enfoncer trop loin dans l'examen des principes ou dans celui des enseignements de l'histoire, jetons un coup d'œil sur la France moderne pour voir ce qui en est de cette passion soi-disant dominante pour l'égalité abstraite, et pour apprécier ce bon sens populaire qui prémunit les nations contre les suggestions les plus captieuses de l'esprit de parti. Voyez la France au sortir de la tourmente révolutionnaire, voyez-la au sortir de cette époque,

dont le mot d'ordre fut précisément l'égalité.
Voyez non-seulement les masses ne jurant que
par elle, mais encore tous les hommes éminents
élevés dans son culte et par sa puissance; —
voyez ce qu'ils deviennent tous lorsqu'une véritable supériorité hors de ligne vient à surgir au
milieu d'eux. La France de l'égalité s'efface elle-
même devant le grand homme. Elle lui fait
place, — ou plutôt elle se concentre tout entière dans lui, elle oublie cette jalousie sociale
qui fut le type de toute une époque, — elle le reconnait pour son souverain et ne vit désormais
que par lui.

De par quel droit Napoléon bouleversa-t-il
cette plate-forme sociale dont tant de sang avait
cimenté les fondements? — de par le droit du
génie et du mérite, qui est comme le soleil. —
Aveugle qui ne le reconnait pas.

Jamais il n'y eut moins d'*individualisme* en
France que sous l'empire. Et pourquoi? précisément parce que l'individualisme y fut porté jusqu'à sa cime, — parce qu'il n'y eut alors en
France qu'un seul individu. Dans cet individu-là

vinrent se confondre tous les désirs et toutes les tendances de la nation. Cet individu c'était la France, et la France était lui.

Aussi longtemps qu'il sut rester le foyer central de son siècle et de son peuple, aussi longtemps la France fut grande et son Empereur tout-puissant.

Mais dès qu'il s'en sépara lui-même, dès qu'il songea à soi au lieu de songer toujours au pays, dès qu'il tourna le principe hiérarchique à son propre profit sans s'inquiéter du *principe complémentaire ;* en un mot, dès qu'il devint lui-même un individu spécial au lieu de rester l'*individu général* par excellence, aussitôt l'individualisme exclusif et partiel se réveilla au sein de la nation, et depuis ce moment, il faut en convenir, cet esprit d'isolement a fait d'effroyables progrès.

Le vulgaire fixe à une couple d'années trop tard l'époque de la chute de Napoléon. C'est cette séparation même qui fut sa chute, tout comme au fond la chute de l'homme ne fut elle-même qu'une séparation....

La chute de la société française suivit donc de bien près celle de son grand représentant. Elle se

disloqua et se pulvérisa après la mort de son Cé-
sar,—tout comme la société romaine après la
mort du sien.

Songez donc à la sublime expiation de Sainte-
Hélène, —songez à l'agonie si lente et si doulou-
reuse de la société romaine après qu'elle fut devenue la proie de l'individualisme; —songez encore
que l'histoire est ingénieuse en fait d'expiations,
et agissez de manière à n'avoir rien à expier!....

C'est contre ces tendances à l'isolement, à
l'égoïsme, à la prépondérance des intérêts privés
et à l'indifférence vis-à-vis des intérêts généraux
que les efforts des hommes d'État devraient se di-
riger.

A Dieu ne plaise que nous prétendions soutenir
qu'une réforme de la Chambre des Pairs, telle que
nous l'avons indiquée plus haut, suffise pour atténuer un mal si flagrant! — nous sommes bien
loin de la donner pour une panacée. Nous
avouons franchement qu'à notre avis la société a
besoin de beaucoup de choses encore pour traverser et mener à bonne fin la crise de transforma-
tion à laquelle nous assistons; mais nous sommes
porté à croire qu'une Pairie organisée sur le

principe en question, sur ce principe *aristocratique* dans toute la force et dans toute la *pureté* du terme, contribuerait puissamment au développement normal de la société elle-même et à l'établissement rationnel d'une véritable démocratie.

Nous disons qu'une société démocratique ne saurait vivre ni prospérer sans une aristocratie analogue et *correspondante* à son état de développement, mais nous nous hâtons d'ajouter que cette aristocratie, désormais, ne saurait plus être héréditaire, parce qu'alors elle serait en désaccord avec les besoins des sociétés modernes. Une telle aristocratie ne serait plus le *pôle complémentaire* de la démocratie d'aujourd'hui, elle ne lui correspondrait plus, et par conséquent elle ne saurait plus contribuer à sa fécondation.

Mais, en revanche, qu'on ne vienne pas, sous l'égide d'idées soi-disant démocratiques, nier l'existence et la nécessité du principe aristocratique et hiérarchique fondé sur le mérite et sur les services rendus à la chose publique. Ce serait plaider la cause de l'anarchie, et non celle de la vraie démocratie, ce serait sacrifier la condition vitale de l'égalité elle-même.

Oui, il faut à la société une *puissance substantielle* dégagée de l'influence exclusive de la per-
sonnalité, il lui faut une institution fondée sur la
*souveraineté immuable de la raison et sur la no-
blesse du mérite.* Cette souveraineté-là, cette no-
blesse-là n'est à la longue ni méconnaissable ni
attaquable. Juvénal l'a très-bien définie tout en
persiflant la société antique :

« *Nobilitas sola est atque unica virtus* [1]. »

C'est à la société moderne à donner raison au
poète, et à changer en vérité ce qui, jusqu'à ce
jour, pouvait passer pour une mauvaise plaisanterie.

Il faut, dis-je, à la société un corps politique
placé en dehors des intérêts privés, au-dessus des
flots de l'opinion momentanée, mais toujours vi-
vant et se développant *du sein même de la nation*,
partageant ainsi ses sentiments, ses désirs et ses
tendances, tout en gardant fidèlement le dépôt

[1] Il est inutile d'observer que la *virtus* des Romains ne se traduit
pas exactement par *vertu* dans le sens moderne du mot. J'en appelle
à Montesquieu, cet ancien des temps modernes, qui conçut la vertu
à la manière des anciens.

des traditions sociales, et développant de plus en plus la série ascendante de ses traditions.

Les progressistes *quand même* attachent généralement, et à tort, au mot *traditions* une signification d'*arriéré*. Or, il n'y a d'arriéré que ce qui *reste en arrière* ;—au contraire, tout ce qui marche, tout ce qui avance ne saurait jamais l'être. Par conséquent, l'étymologie elle-même du mot *tradition* suffit pour prouver son progrès. Les traditions n'ont pas été formées d'un seul jet, ni stéréotypées dans un moule éternel; elles se forment continuellement ;—en se formant, elles se transforment ; — en se développant, elles avancent.—Les traditions ne sont donc pas un réservoir d'eau stagnante, — mais bien un large fleuve qui absorbe dans son cours toutes les sources d'eau vive jaillissant dans les régions qu'il parcourt, et les charrie vers les plaines de l'avenir, afin d'arroser et de fertiliser celles-ci.

C'est à ce fleuve si fécondant qu'il faut ménager un lit convenable. Si on ne lui en ouvre pas un, —si on persiste à méconnaître sa nature, si l'on ne songe pas à lui ménager un écoulement normal, le fleuve des traditions tentera d'abord d'empor-

ter ses rives , et , s'il n'y parvient pas , c'est alors
seulement qu'il se changera lui-même en un étang
d'eau croupie. Donc, ébranlement ou putréfac-
tion, telle est l'alternative , si l'on néglige l'irriga-
tion fécondante.

Il n'y a rien qui prête autant de force aux États
et à leur gouvernement que l'esprit de suite , la
marche normale dans le développement des intérêts de la nation et la constance dans la poursuite
de ses buts, de ses tendances générales. Voilà
précisément ce qui a fait, jusqu'à ce jour , la force
et la grandeur de l'Angleterre. Les partis ont beau
changer et se remplacer réciproquement à la tête
du gouvernement , ils n'en restent pas moins fi-
dèles, les uns comme les autres , à certaines traditions consacrées, et ils n'en poursuivent pas
moins constamment certains grands buts nationaux. Aussi , la prépondérance extérieure de l'Angleterre n'a-t-elle fait que s'accroître de jour en
jour, en quelques mains que soient tombées les
rênes de l'Etat (1).

Or, cette puissance substantielle si nécessaire à

* M. *de Tocqueville,* après avoir établi que presque tous les dé-
fauts naturels de la démocratie se faisaient particulièrement sentir

la vie de la nation au dedans, et à sa force au
dehors, on a cru que partout et à tout jamais
elle était l'apanage d'une noblesse héréditaire. Eh
bien, pas du tout. Assurément, cela fut vrai jusqu'à un certain point et jusqu'à un certain temps ;
mais, par la suite des temps, en présence du
progrès constant des masses, cette substantialité
générale elle-même, inhérente à l'aristocratie nobiliaire, se métamorphose, à la longue, en individualité. Elle dégénère, non pas en un égoïsme
de personnes, mais en un égoïsme de caste et de
race ; au lieu de l'intérêt privé des individus, c'est

dans la direction des affaires extérieures et qu'en revanche ses qua-
lités y étaient peu sensibles, ajoute :

« Presque tous les peuples qui ont agi fortement sur le monde,
« ceux qui ont conçu, suivi et exécuté de grands desseins, depuis
« les Romains jusqu'aux Anglais, étaient dirigés par une aristocra-
« tie ; et comment s'en étonner ?

« Ce qu'il y a de plus fixe au monde dans ses vues c'est l'aristocra-
« tie. La masse du peuple peut être séduite par son ignorance ou ses
« passions ; on peut surprendre l'esprit d'un roi, et le faire vaciller
« dans ses projets ; et d'ailleurs un roi n'est point immortel. Mais un
« corps aristocratique est trop nombreux pour être capté, trop peu
« nombreux pour céder aisément à l'enivrement de passions irré-
« fléchies. Un corps aristocratique est un homme ferme et éclairé qui
« ne meurt point. (*De la Démocratie en Amérique*, t. II, chap. v.)

l'intérêt privé des familles ; au lieu de l'isolement général des masses , c'est l'isolement spécial des privilégiés qui surgit.

En pareille occurrence, les traditions *générales* destinées à former un contre-poids aux tendances anarchiques de l'individualisme se métamorphosent elles-mêmes en traditions *particulières*; — elles restent, à la vérité, plus ou moins liées à l'histoire nationale; mais elles ne tardent pas néanmoins à être marquées au coin de l'exclusivisme de familles.

Elles dégénérèrent donc ainsi en un individualisme d'un genre tout particulier, mais qui, malgré cela, n'en est pas moins un.

C'est ainsi que ces traditions elles-mêmes se corrompent et se perdent. Et quand même l'esprit public des classes privilégiées serait encore assez valide pour arrêter cette corruption imminente, ne voit-on pas quel danger il y aurait déjà à laisser planer un soupçon d'égoïsme sur ce qui doit être le plus sacré par son universalité même ?

Or, tous ces préjugés de famille ou de corps dont peuvent être imbus les nouveaux arrivants dans une Chambre héréditaire, ces opinions toutes faites acceptées dès l'enfance, et conservées pour ainsi dire par piété filiale, sinon par intérêt de caste, ne contribueraient qu'à augmenter tous les jours davantage le désaccord régnant entre l'institution et les tendances du pays.

Dans un sénat cooptatif, au contraire, rien de semblable n'est à craindre. Se recrutant continuellement *dans le sein même de la nation*, dans *tous* les rangs et dans *toutes* les classes, s'appliquant à compléter toujours par un choix analogue et digne le vide causé par la mort, s'ingéniant à ne laisser aucune tendance effective, aucun intérêt réel, aucun élément vital sans représentation dans son sein, ce corps *aristocratique*, puisant ses plus nobles éléments dans les masses *démocratiques*, légitimerait ainsi son influence sociale par la sincérité et l'universalité de cette représentation même. Comme dans tout corps vigoureusement constitué, l'esprit de constance et de continuité favorisant d'un côté la formation progressive des traditions générales, accorderait de l'autre aux idées d'avenir l'assiette réelle et pratique dont celles-ci ne sont que trop souvent dépourvues.

Voila pourquoi nous signalons comme l'un des besoins essentiels de la société moderne, la formation spontanée d'un véritable *patriciat populaire*, le seul qui désormais convienne à notre époque, — d'un patriciat *expansif*, et nullement *exclusif* comme l'étaient ceux des époques précédentes, et doué par conséquent de tous les avantages dont jouissaient les aristocraties anciennes sans les faire acheter au prix de tous leurs inconvénients.

C'est ainsi que les tendances du passé et celles de l'avenir se marieraient et s'appuieraient mutuellement au lieu de s'exclure et de se combattre. C'est ainsi que, dans le sein d'une Pairie organique et indépendante, qui se perpétuerait d'elle-même sans être inféodée d'un côté à aucune caste ou classe privilégiée, et sans dépendre de l'autre du bon plaisir de qui que ce soit (électeurs, ministres , etc.,) d'une Pairie qui deviendrait par conséquent le gardien fidèle des traditions générales aussi bien que l'organe des nécessités sociales; c'est ainsi, dis-je, que sous l'égide d'un pareil corps se manifesterait cette force de cohésion des institutions publiques qui n'exclut nullement leur développement progressif, — qui au contraire, en est la condition normale et le garant le plus sûr.

Point de véritable progrès sans conservation, point de véritable conservation sans progrès.

VIII.

CARACTÈRE GÉNÉRAL DES FONCTIONS
DE LA PRESSE
SOUS LE RÉGIME PARLEMENTAIRE.

Nous croyons avoir démontré que la formation d'un corps politique, conservateur des traditions gouvernementales et nationales, gardien fidèle des droits et des intérêts généraux du pays, propagateur de ses progrès et régulateur de son développement, est devenue désormais une haute nécessité sociale. Maintenant allons au-devant d'une objection plausible.

—C'est juste, nous dira-t-on. —Mais, au fait, qu'avons-nous besoin d'un corps spécial pour remplir ce ministère, puisque nous possédons déjà un *pouvoir*, né d'hier à la vérité, mais à coup sûr assez puissant pour se charger à lui tout seul

7

de cette fonction sociale? Ce pouvoir c'est la *presse*. La presse n'est-elle pas, à l'heure qu'il est, le réceptacle naturel et le véhicule spontané de toutes les idées, de tous les sentiments, de toutes les tendances, de tous les intérêts des nations et du genre humain? N'est-elle pas gardien et guide? Ne conserve-t-elle pas tout? Ne propage-t-elle pas tout? Donc, à quoi bon chercher davantage?

Oh! sans doute, la presse est une *puissance*. Le nier aujourd'hui serait un paradoxe par trop hardi. Mais tout en reconnaissant l'importance de son rôle, vous venez de prononcer vous-même son incompétence pour les fonctions dont il s'agit. Sans doute elle conserve et propage *tout,* mais ce n'est précisément pas *tout* qu'il faut conserver et propager, il s'en faut de beaucoup. Tout s'y dépose et tout s'y garde, c'est vrai; mais par cela même tout s'y perd, tout s'y noie.

La presse elle-même n'est qu'un dédale; suffit-elle donc pour nous dégager du dédale politique dans lequel est tombée la société moderne? Elle y peut beaucoup sans doute, mais à coup sûr elle n'y peut pas tout.

Au surplus, la presse n'en est encore, à l'heure qu'il est, qu'à l'état chaotique de sa formation et de son développement primitif. — Mais passons là-dessus, — elle s'organisera un beau jour, il faut bien qu'elle s'organise comme tout ce qui a droit à la vie dans l'avenir. Eh bien, alors même elle n'en restera pas moins un pouvoir abstrait et impersonnel. La presse, c'est l'esprit public à l'état de pensée, elle n'est et ne peut être qu'une généralité, qu'un être abstrait. Son influence, son action n'est donc, à tout prendre, que théorique, elle n'agit directement que sur les idées, les opinions et les convictions, ce n'est donc qu'indirectement, en influençant d'abord l'esprit des masses, et en agissant ensuite contradictoirement sur l'esprit des hommes pratiques, des hommes qui sont au pouvoir, qu'elle réagit enfin sur les actes, sur le gouvernement des sociétés.

La presse est donc une *puissance* et non pas un *pouvoir*. Elle est une influence, une fonction de l'esprit public, un élément général de l'état social, mais elle n'est pas une *institution*.

Au reste, si l'on tient à l'expression de *pouvoir*, nous ne nous y opposerons pas, il ne s'agit que

de s'expliquer. C'est, si l'on veut, un *pouvoir
consultatif* qui engendre ou qui élabore dans le
domaine général de la pensée les éléments positifs et réels que le pouvoir législatif pose ensuite
et organise dans la vie sociale.

Aussi, l'influence indirecte de la presse, tant
qu'elle ne sera pas complétée par l'influence directe d'un corps conservateur et progressif de sa
nature même, et surtout tant qu'elle ne sera pas
dominée par ces mœurs vigoureuses qui manquent encore aux sociétés modernes, — restera-
t-elle toujours plutôt désorganisatrice qu'organisatrice. Il y a dans la presse un tiraillement continuel
de tous les côtés et dans toutes les directions, il y a
un va-et-vient permanent, une masse d'idées qui
surgissent, se combattent, s'agitent à tort et à tra-
vers, s'excluent et dépérissent enfin de guerre
lasse. Sans doute la presse exerce une influence immense sur les affaires du pays, mais ces affaires, à
tout prendre, en sont-elles mieux gérées pour cela?
Le vague et l'inconsistance qui règnent dans la politique française n'ont-ils pas précisément leur
source dans ce frétillement précaire de l'opinion
travaillée dans tous les sens par la presse? Lorsque

l'anarchie ou tout au moins le décousu règne dans le pouvoir consultatif et dans le pouvoir législatif, c'est-à-dire dans la presse et dans le parlement, comment voulez-vous que le pouvoir exécutif, c'est-à-dire le gouvernement lui-même, ne s'en ressente pas?

J'accorderai à la rigueur, si l'on y tient, que chaque organe de la presse sait fort bien ce qu'il veut; mais la presse elle-même, comme être général et abstrait, comme puissance et fonction impersonnelle, ne peut savoir ce qu'elle veut, précisément parce qu'elle veut de *tout,* parce qu'elle se croise et se coupe sans cesse.

C'est au moyen de la presse que la *mobilium turba Quiritium* d'aujourd'hui (toujours aussi remuante que celle dont parle Horace), manifeste à l'heure qu'il est ses sentiments et ses opinions, ses vœux et ses velléités. A Dieu ne plaise que nous lui en fassions un reproche, —c'est son droit, c'est son devoir, — c'est une des plus saintes garanties du progrès social. Il s'agit seulement de régulariser et de féconder cet essor, non pas par des entraves ou par des moyens préventifs, — mais par des institutions positives et organiques.

Il faut donc au pays, malgré la presse, je dirai presque à cause de la presse, une *institution* forte et stable, qui sache positivement ce qu'elle veut, qui mette un terme au décousu général dont les tendances gouvernementales sont affectées elles-mêmes, et qui, éclairée par la presse, je dirai même toujours influencée, mais jamais dominée par elle, soit capable de rendre au pouvoir ce prestige qu'il a perdu, et d'imprimer directement à la politique nationale cet esprit de suite, de fermeté et de vigueur qui est indispensable pour consolider la puissance et le bonheur des nations [1].

La presse et la Pairie offriraient ainsi, l'une par

---

[1] Il y a, dans les *Lois* de Platon, un passage qui coïncide à merveille avec ce que nous venons d'exposer; nous ne pouvons donc nous interdire le plaisir de le citer. Le voici :

« ..... Il faut qu'il y ait dans le corps de l'État une partie qui « connaisse premièrement le but auquel doit tendre notre gouver- « nement; en second lieu, par quelles voies on y peut parvenir, et « quelles sont d'abord les lois, puis les personnes dont les conseils « l'en approchent ou l'en éloignent. Si un État est entièrement « privé de cette connaissance, il ne doit point paraître étonnant « qu'étant destitué d'intelligence et de sens pour se gouverner, il se « laisse conduire au hasard dans toutes ses actions. » — (*Des Lois*, livre XII.)

l'autre, une garantie mutuelle au progrès social, non une de ces garanties factices et mécaniques qui consistent à contre-balancer stérilement les forces sociales par des entraves réciproques, mais une garantie organique et vivace qui, loin de déprimer le jeu des éléments sociaux, les compléterait, au contraire, les uns par les autres, et puiserait ainsi dans leur accord une force positive pour l'imprimer à son tour au gouvernement du pays. — C'est là le caractère des garanties *positives*, nées du *concours* des fonctions sociales, en opposition aux soi-disant garanties *négatives* calculées sur leur discordance.

IX.

GARANTIES INHÉRENTES AU NOUVEAU PRINCIPE DE LA PAIRIE.

J'arrive à l'examen des garanties inhérentes au nouveau principe de la Pairie, et j'aborde les objections qu'on pourrait élever contre lui.

L'on pourrait bien, à la vérité, appréhender au sein d'une pareille assemblée la formation d'un esprit de corps presque aussi exclusif que celui qui se développe parfois au sein d'une Pairie héréditaire. L'on pourrait bien s'attendre à la voir un jour dominée par tel ou tel parti, et une fois engagée dans une route exclusive, s'y enfoncer de plus en plus par des choix marqués au coin de la partialité. Cette appréhension, toute plausible qu'elle paraisse, n'est guère sérieuse en réalité.

Nous avons déjà remarqué que l'esprit de propre conservation, si ingénieux de sa nature et si vigilant dans un corps fortement constitué, ne permettrait pas à l'institution de s'écarter positivement de la véritable voie de l'opinion, et surtout de celle des sentiments intimes de la nation. Si le vrai mérite cessait jamais d'être le vrai mobile de ses choix, l'institution perdrait elle-même cette auréole de confiance et de *vénération* publique qui constituera toute son influence. C'est alors que la presse ferait bientôt justice d'une tendance aussi abusive de la Pairie, tout comme nous venons de voir que la Pairie est appelée à faire justice des tendances abusives ou exclusives de la presse.

Cependant, nous dira-t-on, il peut arriver des circonstances exceptionnelles où la raison d'État exigerait impérieusement une intervention extérieure pour faire fléchir une majorité réfractaire, sous peine de donner lieu à quelque calamité politique. Aujourd'hui, la couronne possède la faculté d'agir sur les deux Chambres, moyennant la dissolution de l'une et moyennant une fournée de Pairs pour l'autre. Quelle prise aurait-elle donc vis-à-vis d'une Pairie cooptative ? de quelle manière parviendrait-elle à briser une résistance aveugle et obstinée?

Je demanderai d'abord s'il est absolument indispensable de pouvoir *briser* une telle majorité, lorsque, au fait, il serait possible de la faire *plier*. En présence d'une véritable nécessité politique, une assemblée éclairée (et certes celle-ci en sera une s'il en fut jamais!) ne trouverait-elle pas dans les inspirations de sa conscience politique elle-même les motifs de céder? Voyez plutôt les actes de l'aristocratie anglaise, à laquelle on ne saurait assurément adresser le reproche de ne pas assez se roidir contre les exigences du siècle. Si cette aristocratie-là sait plier quand il le faut, à plus forte raison est-on en droit de compter sur cette vertu chez une aristocratie qui n'est pas une caste, mais bien l'élite de toutes les classes de la nation.

L'émancipation des catholiques, la réforme parlementaire, la réforme déjà entamée de la législation sur les céréales, etc., etc., ne présentent-elles pas des exemples de concessions faites, à contre-cœur sans doute, mais cependant faites à temps, et, qui plus est, souvent provoquées par le parti conservateur lui-même? Et tout à l'heure encore,

n'allons-nous pas voir cette même aristocratie, si
hostile en apparence à tout changement dans la
condition des classes inférieures de la société, cette
aristocratie, qui a continuellement à la bouche la
maxime de ne pas donner d'illusions au peuple,
qui même a écarté l'année passée, comme *intem-
pestives*, les propositions des lords Stanhope et
Howick, tendantes à provoquer une enquête sur
les causes de la misère; n'allons-nous pas voir,
dis-je, cette même aristocratie aviser aux moyens
d'améliorer la condition des classes laborieuses,
et peut-être prendre l'initiative de mesures directes
à ce sujet? Si cela n'avait lieu, ce serait peut-être
la première fois que l'aristocratie anglaise démen-
tirait ce tact et ce sentiment intime des besoins
publics dont elle a donné tant de preuves, — et ce
démenti-là lui coûterait bien cher. Mais l'esprit public est tout-puissant dès qu'il est vivace. L'aristocratie anglaise en est pénétrée elle-même au plus
haut degré. Elle résiste et conserve, tant qu'il est
possible, tant qu'il est permis de résister et de conserver; mais elle *plie* et innove elle-même dès que
l'heure des innovations a sonné.

Ce qui constitue la force, l'utilité, j'allais presque dire la noblesse de l'acier, c'est qu'il sait aussi bien résister que plier. Nous venons de voir que l'aristocratie de naissance a fait plus d'une fois preuve d'une pareille *trempe*. Comment donc oserait-on supposer qu'une vraie *aristocratie de mérite*, qu'un vrai *patriciat populaire*, surgissant du sein de toutes les classes de la nation, ne fût pas capable de manifester cette vertu à un degré au moins égal?

Cependant cette *trempe* présumée ne constituerait pas encore une garantie positive. Pour qu'une institution soit durable, il faut qu'elle possède dans sa constitution même, et non-seulement dans le bon vouloir de ses membres, la garantie de son jeu normal. Quelle serait donc, à l'égard d'une pareille Chambre, l'antidote d'une majorité abusive? L'État et la société seront-ils impuissants contre elle?—Non.

Quand même une majorité réfractaire se formerait au sein de la Chambre et tâcherait de perpétuer ses tendances par des choix exclusifs, il y a une puissance qui interposerait son veto aux abus; il y a un correctif qui redresserait ceux-ci sans secousses et sans perturbation. Cette puissance,

c'est le temps , — ce correctif, c'est la mort. L'ex-
tinction naturelle des Pairs arriérés laisserait toujours le champ libre aux plus jeunes , c'est-à-dire
aux plus avancés. Cette rotation entre les extinc-
tions et les remplacements suffirait toujours pour
mettre la Chambre à l'unisson de l'esprit de l'époque , car ces nouveaux arrivants étant dans tous
les cas les enfants de leur siècle , élevés sous l'influence des idées dominantes et non sous celles
d'opinions exclusives , ce renouvellement continu
sera donc, à tout prendre, un *progrès continu.*

Il y a une immense différence entre un tel renouvellement et celui qui s'opère dans un corps
héréditaire. Dans un tel corps , comme nous
l'avons remarqué plus haut, les préjugés de familles et l'intérêt d'une caste pourraient encore à
la rigueur se perpétuer et vicier sa destination. En
pourrait-il être de même dans la nouvelle Chambre
des Pairs? On aurait beau dire qu'un esprit aristocratique s'emparera de ses membres dès qu'ils
auront franchi le seuil de la Chambre haute; cet
esprit, s'il est effectivement aristocratique , le sera
dans la stricte et juste acception du mot : prépondérance des meilleurs, des plus dignes (κριττοι) ,

puisque ceux-ci ne sauraient être redevables de leur dignité qu'à leur mérite, à leur supériorité reconnue, et nullement à quelque privilége que ce soit. Ce à quoi l'on peut *parvenir* de soi-même, ce à quoi tous sont appelés, ne s'appelle plus *privilége*, mais *droit*. Une telle aristocratie ne sera jamais odieuse. Libre à tous, même à l'ancienne aristocratie, d'y *parvenir*.

Des intérêts absolument exclusifs, qu'ils appartiennent à une caste ou à tout autre élément moral ou matériel de la nation (à la propriété foncière par exemple), sont toujours dangereux à établir. Or, dans la nouvelle organisation du sénat, il n'y aurait plus ni intérêts exclusifs, ni intérêts exclus, et la nouvelle aristocratie ne serait plus une caste possédant un intérêt à part, puisqu'elle se formerait elle-même de l'élite de toutes les classes. C'est donc la seule aristocratie nationale qui, désormais, soit possible en France [1].

---

[1] M. *Passy* a très-bien dit : « Autant il importe au bien-être et à « la dignité des populations qu'aucun privilége de rang et de nais- « sance ne soit exclusivement dévolu à une classe spéciale; autant « il est juste que tous les biens, tous les avantages, tous les béné- « fices de l'ordre social soient l'apanage du *travail* et de la *sagesse*,

Il n'est donc pas à craindre qu'un tel corps aristocratique, dans la stricte acception du mot, dans sa signification *dernière* qui se trouve être aussi la *première*, dégénère jamais en oligarchie. Ce mouvement inhérent à son institution, cette *retrempe* continuelle aux sources vives de la société, ce renouvellement progressif qui importera continuellement dans son sein des éléments nouveaux qu'elle n'osera pas exclure dès qu'ils auront reçu le baptème de l'opinion et des sentiments publics, sont garants de sa coïncidence continuelle avec l'esprit et les besoins du siècle.

Remarquons ici combien le mode de renouvellement de la Chambre des Pairs répondrait lui-même à l'esprit du système parlementaire. Tandis que la seconde Chambre resterait assujettie à un renouvellement *périodique* et *extérieur*, le renouvellement de la première deviendrait *perpétuel* et *intérieur*. L'une serait donc mise tout d'un coup, à époques plus ou moins fixes, et par la

« autant il serait déraisonnable de ne pas tenir compte des capacités « dans la distribution des droits politiques. » — *De l'Aristocratie considérée dans ses rapports avec les progrès de la civilisation*, ch. X, p. 123.)

toute-puissance des commettants, au niveau de l'opinion et des besoins publics, l'autre s'y mettrait petit à petit, d'elle-même. Or, s'il arrivait que ces développements, *autonomes* chez celle-ci, *hétéronomes* chez celle-là, saccadés et passifs chez l'une, constants et intrinsèques chez l'autre, différassent de temps et d'accélération, au lieu de voir un inconvénient dans une pareille divergence, je n'y verrais au contraire qu'un avantage de plus. Cette différence rentre elle-même complétement dans le génie du système bicaméral, dont l'une des conditions fondamentales est de développer l'esprit de stabilité, de lenteur et de continuité dans une Chambre, tandis que l'erprit de mobilité, de vivacité et d'intermittence est l'apanage de l'autre.

Au reste, il ne manquerait pas assurément de moyens d'agir plus ou moins directement ou indirectement sur l'esprit de la Chambre inamovible, si jamais celle-ci penchait vers une direction incompatible avec l'esprit et les tendances nationales.

D'abord, nous appellerons l'attention sur un moyen indirect encore, à la vérité, mais morale-

8

ment très-puissant pour influencer les décisions d'une majorité réfractaire. Ce moyen, qui est parfois en usage en Angleterre, c'est le *protest* de la minorité. Il n'est pas douteux que l'imminence d'une déclaration motivée de la part d'une minorité imposante qui, sentant le pays derrière elle, en appellerait ainsi à l'opinion publique, ne soit un frein puissant avant le vote, et que la publication effective d'une pareille protestation après un vote abusif ne soit un appui considérable prêté à l'opinion vaincue pour la session suivante.

Ensuite, si l'on tient absolument à ménager au pouvoir exécutif une influence quelconque sur la composition de la Chambre haute, il y aurait même moyen de satisfaire à cette exigence sans blesser le principe que nous avons admis. Ce moyen serait d'accorder au pouvoir suprême le droit d'investiture aux siéges vacants de la Chambre, et, par conséquent, le droit de suspension, jusqu'à un certain temps, des choix effectués par la Chambre. En pareil cas, le nouveau Pair *désigné*, mais non encore *confirmé*, aurait le droit de siéger à la Chambre, et même d'y prendre part à la discussion; mais il n'aurait pas encore le droit de voter. De cette manière, la Chambre ne serait pas privée des lumières et du concours des membres qu'elle aurait jugés dignes d'être admis dans son sein, tandis que le ministère posséderait le moyen d'opposer une entrave temporaire aux tendances hostiles de l'assemblée.

Sans doute, ce droit d'investiture devrait être soumis lui-même à des limites et à des restrictions convenables; car sans cela cette voie indirecte, quelque négative qu'elle soit, n'en porterait pas moins un préjudice réel à l'existence de l'assemblée. Par conséquent, ce veto ne pourrait être que *suspensif* et provisoire. Toutes les bonnes raisons qu'on invoque en faveur du veto absolu en matière législative n'auraient pas de prise ici, où il n'est question que de personnes et non pas de mesures.

Un autre moyen d'agir plus positivement sur la composition de ce corps serait d'attribuer de droit (*virtute officii*) la qualité de Pair aux hommes d'État qui auraient rempli, pendant un certain temps, les premières fonctions de l'État, je veux dire aux ministres à portefeuilles et aux pré-

sidents de la Chambre des Députés. Ce moyen aurait pour but d'ouvrir la porte de la Chambre
haute à tel ou tel homme d'État éminent qu'une
opposition aveugle de la Pairie s'obstinerait à
repousser. Il serait toutefois également nécessaire
de limiter ce droit pour qu'il ne dégénérât pas en
expédient, et voilà pourquoi aussi nous ajoutons
la condition d'un exercice effectif de ces hautes
fonctions pendant un laps de temps déterminé,
afin de prévenir la possibilité d'une introduction
plus ou moins furtive dans la Chambre haute,
de ministres *provisoires* ou de présidents *nomi-
naux*.

On pourrait encore ajouter que tous ceux qu'un
vote des deux Chambres aurait désignés comme
ayant bien mérité de la patrie, seraient, par le seul
effet de ce vote, admis dans le sénat. Un tel acte
de justice nationale aurait pour avantage de ménager à la Chambre des Députés une espèce d'initiative dans la présentation de candidats à la
Chambre des Pairs. Ce moyen, du reste, ne for-
cerait nullement la main à la Pairie; car, pouvant
refuser son vote, celle-ci conserverait toujours la
faculté d'interdire l'accès de la Chambre haute au

protégé de l'autre Chambre. On peut être sûr
d'avance que l'une ne se compromettra pas plus
par un refus abusif et marqué au coin de la partialité, que l'autre ne se trouvera portée à se
compromettre elle-même par un vote solennel
en faveur de quelqu'un qui n'en serait guère
digne.

Toutefois, qu'on ne s'y méprenne pas; les
moyens que nous venons d'indiquer ne sont que
des concessions accordées à l'opinion dominante,
qui exige une influence directe des différents pouvoirs les uns sur les autres, et surtout du pouvoir
suprême sur les Chambres législatives. Quant à
notre propre conviction, nous sommes porté à
croire que le renouvellement normal, continu et
progressif de la Chambre des Pairs par elle-même,
ainsi que le renouvellement périodique et assez
fréquent de la Chambre des Députés par le pays,
suffirait complétement à la formation d'une représentation nationale aussi sincère que respectable.

Les dissolutions et les fournées nous semblent
être des moyens d'action plus ou moins suran-
nés, applicables seulement à une époque où, au
lieu du concours organique, l'on ne connaissait

encore que le balancement mécanique. Aujour-
d'hui que le système de *bascule* a fait son temps,
c'est aux garanties organiques, c'est-à-dire aux
principes *positifs* et *générateurs* qu'il faut avoir
recours. Au reste, nous ne prétendons nullement
trancher ici la question. Ces choses-là ne se décid-
ent jamais *à priori*, c'est la pratique, c'est le jeu
des institutions sociales qui prononcent en dernier
ressort. Il n'y a que les faiseurs de systèmes qui
prétendent tout réglementer d'avance ; quant à
nous, il nous semble qu'en fait d'institutions organiques, il suffit d'en poser nettement les principes et de s'en reposer ensuite sur la vie politique
elle-même pour les développer.

Nous n'ajouterons donc plus qu'un mot à ce
sujet à l'adresse de ceux qui prétendent qu'il est
de nécessité absolue d'accorder au chef de l'État
la faculté d'influencer positivement et directement
la majorité de la Chambre haute, sous peine de
donner lieu à quelque bouleversement politique.
Je leur demande donc, puisqu'ils sont si consé-
quents dans la théorie de l'*équilibre* des pouvoirs,
pourquoi ne poussent-ils pas cette conséquence
un peu plus loin encore, et pourquoi ne songent-

ils pas à la possibilité de retourner contre eux-
mêmes leur propre argument; car, en posant
comme principe la nécessité de prévenir tout con-
flit entre les pouvoirs de l'État, on arrive naturel-
lement à demander un moyen direct, réel, pour
influencer la volonté de la couronne elle-même.
L'on prétend qu'une fois que la couronne en a
appelé aux électeurs, et que ceux-ci ont confirmé
par leur choix l'opinion de la Chambre dissoute,
la couronne cède et tout est dit. Eh bien, si ce
raisonnement est valable à l'égard de la couronne,
pourquoi ne le serait-il pas à l'égard de la Pairie ?
et, s'il ne l'est pas, comment peut-on le produire?
Et, en revanche, s'il vous paraît impossible de
faire céder la Pairie en temps opportun, s'il vous
semble absolument nécessaire de pouvoir, en certaines circonstances, briser sa résistance, il ne l'est
pas moins de pouvoir briser la résistance de la
couronne. Comment, ce qui vous paraît libre de
tout danger dans le pouvoir royal, vous y semble-
rait-il exposé dans une des branches de la législature? Donc, si vous voulez être conséquent, ad-
mettez d'abord les restrictions au veto suprême,
telles qu'elles existent dans la constitution de Nor-

wége ou dans celle des États-Unis, et ensuite nous
verrons quelles seraient les restrictions analogues
qu'un sénat cooptatif pourrait supporter. Sinon,
ne sapez pas par quelques dispositions abusives et
illogiques toute l'indépendance, toute la dignité
et toute la force de la Chambre inamovible, tandis
que vous savez apporter de si bonnes raisons en
faveur de l'immuabilité de la volonté suprême.

Quant à ceux, enfin, qui craindraient que la
Chambre des Pairs, dans sa nouvelle organisation, ne l'emportât en prépondérance sur la
Chambre des Députés, et n'arrivât à concentrer
toute la force du pouvoir entre les mains d'une
coterie plus ou moins factieuse, — ceux-là oublient l'une des conditions du gouvernement représentatif, le vote du budget, — ils oublient, dis-
je, que c'est la Chambre des Députés qui tient les
cordons de la bourse. La raison financière, quelque mesquine qu'elle paraisse à bien des gens,
n'en est pas moins péremptoire, et, il faut bien
en convenir, elle a toujours été pour beaucoup
dans les développements successifs de la société.
Nous n'en sommes donc pas réduits à chercher
un nouveau moyen de vaincre une résistance par

trop abusive des différents pouvoirs de l'État ; ce moyen existe, il est extrême, à la vérité, mais il est légal : c'est le refus total ou partiel du budget. Cette *ultima ratio* réservée à la Chambre élective, aux représentants du peuple, est tellement décisive qu'en vérité il est presque impossible de prévoir la nécessité de son application.

Qu'on cesse donc d'appréhender toute espèce d'empiétement factieux. — La Pairie cooptative sera douée précisément de toute la force nécessaire pour en faire un bon usage, mais, en revanche, elle sera complétement impuissante pour en abuser. Toute restriction ou garantie ultérieure serait pour le moins superflue, — sinon puérile.

Tout ce qu'on fait et tout ce qu'on veut, il faut le prendre au sérieux. Si l'on veut donc sincèrement avoir une Chambre *inamovible* en présence d'une Chambre issue des flots de l'élection, il faut la prendre telle qu'elle peut, et telle qu'elle doit être, et ne pas se laisser payer d'une inamovibilité nominale.

Entre des corps puissants, constitués sur des principes vivaces, — et des corps flottants et làches par leur nature même, — choisissez!... Mais, en vérité, ce n'est plus une expérience à faire, l'histoire a déjà prononcé lesquels sont plus à craindre.

X.

ANALYSE DU NOUVEAU PRINCIPE ET DE SES RAPPORTS AVEC LES PRINCIPES ANTÉRIEURS.

Ces développements suffisent pour prouver combien un sénat cooptatif, en présence d'une seconde Chambre élective, répondrait au génie et aux conditions fondamentales du système parlementaire bicaméral.

D'un autre côté, il est également évident combien un corps aristocratique, émanant continuellement de toutes les classes de la société, n'ayant d'autres droits et d'autres titres que celui du mérite reconnu, se rafraîchissant toujours dans sa formation aux sources vives des éléments nationaux, et conservant fidèlement, par esprit de

corps, cet esprit de suite et de fermeté si indispensable, tant au dehors qu'en dedans, à la prospé-
rité des États; — il est évident, dis-je, combien
une telle ARISTOCRATIE DÉMOCRATIQUE (contradic-
tion apparente, qui désormais n'en sera plus une)
répondrait en même temps aux idées et aux besoins du siècle, aux exigences de l'opinion et des
mœurs publiques, en un mot, à l'état social tel
que l'histoire moderne nous l'a fait.

Notre principe répond donc complétement aux
conditions théoriques et pratiques posées dans le
problème : — il s'agit maintenant d'examiner
la nature intime et les rapports de ce principe
avec ses antécédents.

Il a été maintes fois reconnu, et nous sommes
arrivé nous-même à cette conclusion dans le
cours de cet écrit, qu'il n'y avait eu jusqu'à présent que deux principes rigoureusement capables
de constituer une véritable Pairie; ces deux principes étaient, jusqu'à ce jour :

L'hérédité et l'élection.

Tous les deux sont bons en temps et lieu.

Il nous est facile de concevoir un sénat héréditaire dans la Grande-Bretagne, tout comme il nous est facile de concevoir un sénat électif aux États-Unis, car il y a matière à cela dans les deux pays respectifs. Quant à la France, il nous a fallu avoir recours à un nouveau principe ; car ni l'hérédité ni l'élection ne se sont trouvées applicables à la Pairie française.

Nous avons donc indiqué ce nouveau principe et soutenu sa légitimité devant le tribunal de la raison et devant celui des faits. Maintenant, allons plus loin encore dans le fond de la question, et voyons quels sont les titres de ce nouveau venu vis-à-vis des principes qui l'ont précédé. Quel est-il, en un mot, dans ses rapports avec eux et dans sa nature intime ? Comment se rallie-t-il à ses antécédents ? car s'il ne s'y ralliait pas, s'il n'en découlait pas logiquement, ce vice jetterait une défaveur insigne sur le principe lui-même, et, pour ma part, j'avoue que je l'abandonnerais, étant d'avis que les principes, aussi bien que les faits, se lient dans l'histoire d'une manière admirable.

Il n'est ni plus ni moins que la conséquence immédiate de ses antécédents, — le complément nécessaire et strictement rationnel des deux principes

sus-mentionnés. En un mot, s'il est permis de se
servir ici d'une expression strictement philoso-
phique, il est la synthèse du principe d'hérédité
et du principe d'élection.   .

Si ce que nous avançons là est juste, il faut que
ce nouveau principe échappe d'un côté aux inconvénients respectifs des principes antérieurs, et
qu'il réunisse de l'autre tous les caractères et tous
les avantages que ceux-ci possédaient séparément,
c'est-à-dire, il faut qu'il combine inclusivement les
attributs des deux principes qui, jusqu'à présent,
s'excluaient mutuellement.

Voyons s'il en est effectivement ainsi.

Le caractère et les avantages du principe de l'*hérédité* sont : d'assurer à l'assemblée aristocratique
une existence indépendante et fortement constituée, — ne relevant que d'elle-même, douée de la
faculté d'un développement constant et unitaire,
d'une force de cohésion et de solidarité à toute
épreuve, d'un esprit de conservation et de suite
dans les idées, dans les traditions et dans les actes,
de cette garantie de durée et de vigueur qu'elle
possède non-seulement par elle-même et pour elle-
même, mais qu'elle prête également aux institu-

tions intérieures et à la politique extérieure du pays.

En revanche, le caractère et les avantages du principe *électif* sont : de substituer le droit du mérite au privilége de la naissance, d'abolir les distinctions de castes ; de parer aux inconvénients qui résultent des méprises d'un sort aveugle ; de porter avec connaissance de cause sur le plus digne, sur celui qui a l'opinion et non le hasard pour lui ; de développer l'élément mobile, progressif et ré-générateur, en opposition à l'élément stationnaire, rétrograde ou dégénérateur qui se manifeste tôt ou tard dans les classes privilégiées ; de susciter l'esprit général des masses en opposition à l'esprit restreint des castes, le libre arbitre en opposition à la fatalité, de balancer la cohésion par l'expansion, les particularités par l'universalité ; l'*actualité exclusive*, et par conséquent abusive, par l'*idéalité*.

Tous ces caractères si opposés, attributs respectifs des principes antécédents, toutes ces tendances exclusives et divergentes, vont désormais converger inclusivement dans le nouveau principe.

Partons d'abord de l'hérédité.

Tous les avantages et tous les attributs de ce principe, toutes les raisons apportées en sa faveur par les
publicistes les plus éminents depuis Montesquieu
jusqu'à Benjamin Constant, et que nous venons de
rappeler succinctement, se retrouvent dans le principe de coopération ou peuvent s'y appliquer. On
n'a qu'à passer en revue les attributs que nous venons de reconnaitre à l'hérédité, pour se convaincre qu'aucun d'eux ne fera défaut au principe
de cooptation.

Mais comme tout attribut, en s'élevant d'un degré inférieur à une combinaison supérieure, change
lui-même de nature, les caractères que nous venons d'énumérer se présentent dans cette combinaison sous une face toute nouvelle et avec des
avantages très-marqués.

En effet, le principe de cooptation assure à la
nouvelle Pairie cette garantie d'indépendance,
cette force intrinsèque qu'on chercherait en vain
dans un corps émanant d'un pouvoir extérieur.
En accordant donc à ce corps politique la faculté
de ne relever que de lui-même, ce nouveau principe participe à tous les avantages du principe
d'hérédité, sauf la seule différence qu'il n'achète

pas ces avantages à des conditions incompatibles avec les idées et les mœurs du siècle. Remarquez bien que la perpétuité des tendances, la transmission intérieure de cette haute fonction sociale ne s'y trouve plus inféodée à un petit nombre de familles, mais qu'elle se trouve livrée à la famille nationale tout entière, au sein de laquelle les membres, qui en sont déjà revêtus, vont chercher eux-mêmes ceux qu'ils acceptent pour *leurs Pairs*. C'est donc une transmission libre et raisonnée, au lieu d'une transmission fatale et aveugle; c'est un héritage moral et collectif au lieu d'un héritage physique et individuel, — en un mot, c'est *une hérédité selon l'esprit et non selon la chair*. Le nouveau Pair, élu, ou plutôt reconnu par ses Pairs, bien qu'il hérite d'un siége spécial dans l'assemblée, bien qu'il soit choisi dans la classe et dans la spécialité de celui auquel il succède; bien qu'il hérite, par conséquent, de sa position, de son influence et plus ou moins de sa direction politique, n'en sera pas plus pour cela l'héritier *spécial* de son prédécesseur, mais bien l'héritier *général* du corps qui l'aura nommé. L'esprit de corps, les intérêts généraux et les tendances substantielles s'y trouveront donc garantis d'une manière bien plus efficace encore et surtout bien plus sincère par le droit de cooptation que par le privilége de l'hérédité naturelle, car celle-ci ne statuait qu'une hérédité de *personnes*, tandis que celui-là garantit une véritable *hérédité de corps*.

Or, l'hérédité de personnes n'a été qu'un moyen pour arriver à cette hérédité de corps, c'est-à-dire à la formation d'une assemblée capable de maintenir ce caractère de fixité dans les tendances, cet esprit de prévoyance, de sagesse et de conservation progressive que le scrutin populaire ne saurait garantir. C'est donc cette hérédité morale qui fut toujours le but, — l'hérédité physique n'en fut que le moyen. Eh bien, tandis que l'hérédité naturelle avait recours à un moyen tout spécial pour arriver à ce but général, — la cooptation va droit au but. L'hérédité n'offrait qu'une présomption indirecte en faveur du but, tandis que la cooptation offre une certitude directe que le but sera atteint, puisque c'est avec connaissance de cause que le corps procédera à son propre recrutement.

Ce ne seront donc plus seulement les traditions

qui s'y transmettront continuellement, mais aussi les lumières, l'esprit et le mérite, qui, force a été de le reconnaître, ne sont guère héréditaires. Ainsi, tous les arguments valables contre *l'hérédité physique* n'auraient certes aucune prise sur cette *hérédité morale.*

« On serait trop heureux, » dit M. Daru dans son *Histoire de Venise*, « si l'essence de l'aristocratie « était de placer l'autorité dans les mains des plus « habiles. » Nous voyons que ce qui, pour M. Daru, n'était qu'un pieux désir, — voire même un rêve, eu égard à la raison d'être des aristocraties anciennes, peut devenir une réalité au moyen du principe générateur de l'aristocratie moderne.

La garantie de l'habileté et de la dignité des nouveaux membres se trouvera donc dans le *jugement de leurs Pairs.* Qui donc oserait récuser un pareil jury?

Jadis cette cour suprême, *suffisamment garnie de Pairs*, s'assemblait pour juger l'*indignité* d'un de ses membres. Désormais le contraire aurait lieu. Aux jours d'élections, la cour, suffisamment garnie de Pairs, s'assemblerait pour prononcer la *dignité* de ceux qu'elle élèverait jusqu'à elle.

Il n'y a pas de doute qu'à mérite égal, un nom illustre ne soit, vis-à-vis de ce corps aristocratique de droit et de fait, un titre de plus à l'admission. Il n'y a pas de doute que cette Chambre de traditions progressives ne s'empresse d'ouvrir ses portes au rejeton d'une noble famille, qui, par ses propres mérites, aurait su ajouter quelques fleurons de plus à la couronne de ses ancêtres, à celui en un mot :

Qui fieri miles origine dignus sit et actu [1].

car ce nouveau Pair lui apporterait (toujours à mérite égal) quelques garanties essentielles de plus, savoir, celle de : *noblesse oblige,* et celle d'une éducation politique et spéciale, avantage qu'on fait valoir à fort bonnes raisons en faveur de l'hérédité directe, mais qui n'en est pas moins sujet à de graves inconvénients dans le système des priviléges. Car, comme nous l'avons déjà fait remarquer, à la suite d'une éducation aristocratique viennent aussi les préjugés de castes, les idées arriérées, les opinions de famille qui, par piété filiale ou par habitude, deviennent des liens et

[1] Mot de Guillaume le Breton à propos du sieur de La Tourelle, qui s'était distingué à la bataille de Bouvines.

des devoirs. C'est de cette manière que les aristocraties enrayent, c'est ainsi qu'elles se pétrifient
et se mettent en désaccord avec le fleuve toujours
progressif de l'esprit public : c'est encore ainsi
qu'elles dépérissent d'elles-mêmes quand elles ne
sont pas emportées par le torrent du siècle, ou
par une tempête historique.

Au lieu donc d'une aristocratie stagnante et pé-
trifiée, nous aurions une aristocratie fluide et
progressive; au lieu d'une hérédité aveugle, individuelle et physique, nous aurions une hérédité
facultative, corporative et morale, dont l'élection
intrinsèque sera le moyen, dont la perpétuité de
tendances progressives sera le but, dont le corps
patricien sera lui-même l'arbitre, et dont la véritable opinion publique sera la sanction suprême.

Nous voyons donc qu'en analysant notre principe, l'*hérédité* elle-même vient de passer à l'état
d'*élection*.

Partons maintenant du principe opposé pour
faire la contre-partie de ce que nous venons de
développer.

Encore une fois, l'on n'a qu'à passer en revue
tous les caractères que nous venons d'assigner

plus haut au principe électif pour se convaincre que tous les avantages inhérents à ce principe sans aucun de ses inconvénients, se retrouvent également dans le principe de cooptation.

Nous allons donc avoir la contre-partie exacte de ce qui précède, c'est-à-dire, de même que le principe d'hérédité est venu se marier au principe d'élection, de même ce dernier se rapprochera à son tour de l'autre.

Nous avons été obligé de nous étendre davantage à propos de l'hérédité pour prouver qu'elle était implicitement comprise dans la cooptation, et que tous ces attributs essentiels appartenaient de plein droit, et à un degré au moins égal, sinon supérieur, au nouveau principe. A l'égard de l'élection, nous pouvons être plus bref, car il est évident d'emblée que la cooptation *est une élection;* donc tous les caractères du principe électif lui appartiennent évidemment.

Mais remarquons ceci : le principe électif ne repose pas seulement sur le droit du scrutin, il repose encore sur la reconnaissance de l'*activité* de chaque citoyen; cette activité, ce droit de participation au pouvoir, attribué à toutes les classes et à toutes les conditions, se trouverait reconnu dans le nouveau principe par l'*éligibilité* sans restriction.

On impose des conditions aux éligibles quand les électeurs ne présentent pas de garanties suffisantes, autrement il y aurait superfétation.

Devant le tribunal du mérite, il ne saurait y avoir d'autres distinctions que celles du mérite lui-même. C'est le seul cens d'éligibilité convenable à la nouvelle Pairie, et l'appréciation morale de ce cens également moral appartiendrait de droit au corps de la Pairie elle-même. Restreindre ce droit serait donc retomber dans le privilége qu'on reprochait à l'hérédité.

Le principe électif est donc posé de la manière la plus franche et la plus libre. Le droit universel y est reconnu dans toute sa plénitude : point de restriction et point de privilége.

Mais ici commence la différence.

L'assemblée électorale n'est plus une assemblée de commettants chargée de choisir un mandataire; c'est un corps politique qui se complète lui-même et qui s'adjoint un membre. L'élection n'a donc pas lieu *en dehors*, mais *en dedans*. Le corps po-

litique qui émane de cette élection n'est donc plus
le délégué d'autrui, le représentant de qui que ce
soit; il ne dépend plus des flots de l'élection populaire ni du souffle variable du pouvoir exécutif;
il est son propre auteur, le représentant du principe aristocratique dans toute la force et dans
toute la stricte acception du terme ; il est pour
soi et par soi, ne relevant que de lui seul et trouvant dans son propre sein la raison de son existence et de sa reproduction constante. Il y a donc
là production de soi-même, renouvellement par
soi-même, exactement comme dans l'hérédité.
Voilà donc le principe électif posé tout à l'heure
dans toute sa pureté, qui penche vers le principe
héréditaire, c'est-à-dire qui va participer des avantages de celui-ci sans partager ses inconvénients.
La nouvelle Pairie sera donc pour le moins aussi
indépendante et aussi fortement constituée que
l'était la Pairie héréditaire. Seulement, au lieu de
se recruter au hasard, comme celle-ci, au moyen
des ayants droit de sa caste, elle ira elle-même,
avec connaissance de cause et libre arbitre, chercher au sein de toute la nation des éléments nouveaux pour se les assimiler au moyen de l'élection.

En présence de l'*universalité* des tendances et des éléments nationaux, elle *choisira* et reconstruira ainsi par ce *moyen démocratique* lui-même une classe aristocratique. Au sein de cette universalité abstraite, elle organisera ainsi une institution destinée à représenter l'universalité substantielle, et cette institution inamovible par excellence se renouvellera précisément par la voie mobile du scrutin individuel.

Nous ne poursuivrons pas plus loin cette analyse physiologique du nouveau principe. Ce qui vient d'être indiqué suffira pour prouver combien les avantages et les caractères des principes antécédents se combinent et s'engrènent les uns dans les autres au moyen du principe de cooptation; combien, par conséquent, celui-ci est leur légitime conséquence, et combien l'aristocratie du mérite dont nous venons d'indiquer le germe organique répond aux tendances et aux besoins du siècle.

Quand les faits et la logique ont fait entendre leur voix, à qui faut-il en appeler encore? — Aux actes.

Un acte législatif qui consacrerait les principes
exposés ci-dessus serait à coup sûr plus fécond
en résultats que mainte réforme électorale qu'on
invoque aujourd'hui.

XI.

APERÇUS GÉNÉRAUX SUR L'ARISTOCRATIE MODERNE.

Ce qu'on vient de lire pourrait être envisagé comme le prélude d'un thème beaucoup plus large sur l'avenir de l'aristocratie en général dans les sociétés modernes, thème que nous nous dispenserons néanmoins de développer dans toute son étendue, supposant que les germes indiqués dans le cours de cet écrit suffiront déjà pour en laisser entrevoir l'ensemble. Nous avons dit qu'une véritable démocratie ne saurait exister sans véritable aristocratie, de même que le principe d'égalité ne peut exister sans le principe d'organisation, parce que l'un est le complément indispensable de l'autre. Tout comme l'esclavage ou l'oligarchie sont désormais des impossibilités sociales et des absurdités politiques, de même le fantôme d'une démocratie abstraite, d'une société *table rase*, n'est qu'un rêve qui s'évanouit à la première réflexion. Tout ce qu'il y a de beau, de vrai et de puissant dans ce principe de liberté et d'égalité individuelle, se métamorphose, s'abaisse, se trouve vicié ou s'affaiblit quand le principe d'organisation substantielle ne le complète pas.

Demandez, par exemple, à M. de Tocqueville ce qu'il pense de l'avenir des démocraties exclusives. Remarquez le sentiment de découragement fatal avec lequel il lui arrive de tirer leur horoscope dès qu'il touche au côté faible de la question, et, après avoir puisé de précieux enseignements dans son livre, tenez-vous pour dûment avertis.

Mais si quelqu'un, par hasard, en nous entendant proclamer la nécessité d'une aristocratie nouvelle dans les sociétés modernes, se méprenait au point de nous accuser de plaider la cause des aristocraties *passées* et *trépassées,* il nous prouverait par là qu'il n'a pas lu tout ce qui précède, ou que notre faible voix n'a prêché que dans le désert.

Pour prévenir néanmoins toute mésintelligence,

bien que nous ayons déjà indiqué l'idée mère et fait résonner le ton dominant de ce thème, bien que nous ayons acquis par là le droit d'abandonner à d'autres le développement de ses variations et modulations, nous voulons encore ajouter quelques aperçus généraux.

Toutes les institutions et tous les éléments sociaux subissent la loi du progrès et sont tenus, sous peine de déchéance, de recevoir l'empreinte du siècle.

L'aristocratie ne saurait faire exception à la loi commune.

Il ne s'agit plus aujourd'hui de dire : « L'aristocratie a fait son temps, elle a cessé de vivre, désormais il n'en faut plus. » Ceux qui hasardent une telle assertion courent grand risque d'être démentis par l'histoire. L'aristocratie est un élément constitutif qui ne peut manquer aux sociétés modernes.

Reste à savoir quelle sera sa nature et en quoi consiste sa différence d'avec l'aristocratie du passé.

La différence fondamentale qui distingue l'aristocratie du passé de celle de l'avenir, la voici : —

jadis elle était un *fait* et un *privilége*, désormais elle devient un *acte* et un *droit;* — jadis il suffisait d'*être* aristocrate, désormais il faut encore le *devenir.*

A bon entendeur, salut !

Il n'a pas suffi à Cornélia d'être la fille des Scipions, il lui fallut encore devenir la mère des Gracques. Gloire à cette noble patronne de la véritable aristocratie!

Que l'aristocratie qui existe encore en Europe se le tienne donc pour dit : déchéance ou ascension, — activité ou réaction, mérite ou démérite, plus de milieu possible!

Répétons le mot d'un homme qui, bien que d'une extraction populaire, n'en marche pas moins à la tête de l'aristocratie de l'aristocratique Angleterre : *Do not let us remain stationary!* — C'est un conservateur qui a prononcé ce mot : puissent tous les conservateurs le conserver en bonne mémoire.

Mais qu'allons-nous chercher des autorités de l'autre côté de l'eau. L'épithète de *bornes,* infligée aux soi-disant conservateurs (qui nous semblent n'être au fond que des réservateurs), — par un homme d'avenir, c'est-à-dire par un homme de conservation et de progrès combinés, n'est-elle pas encore plus explicite? — Pourquoi a-t-on méconnu la voix de cet éloquent interprète du véritable esprit de conservation?

Oui, il faut *tenir* au passé, mais il ne faut pas s'y *cramponner*; — en s'y tenant, l'on marche d'un pas ferme et assuré, porté par le fleuve majestueux des traditions et du progrès; — en s'y cramponnant, l'on épuise stérilement toutes ses forces à lutter contre le torrent, qui, tôt ou tard, bon gré mal gré, vous emportera avec lui. L'amour du passé est bien beau, sans doute, mais la passion de l'avenir est plus belle encore!

Ce que nous disons là, à propos de l'aristocratie *de fait*, s'applique également à la noblesse en général. Elle aussi est tenue de songer à l'avenir, si elle veut que l'avenir songe encore à elle. Si elle tient à son passé, elle n'a qu'à le compléter dignement, — elle n'a qu'à lui donner suite.

Jadis l'ambition d'un parvenu (dans la bonne acception du mot) était de devenir noble; — désormais l'ambition d'un noble va être de devenir encore parvenu.

Certes, il faudrait qu'il n'eût pas de cœur, ce-lui qui ne tiendrait nullement au nom et aux traditions que lui ont laissés ses ancêtres; celui qui ne songerait pas, de temps en temps, avec un sentiment mêlé d'amour et de noble orgueil aux services, quels qu'ils soient, que ceux-ci ont été assez heureux de rendre à la chose publique. Mais, en revanche, quiconque, à l'heure qu'il est, se croit en droit d'en appeler exclusivement, avec complaisance et fatuité, aux mérite de ses aïeux, quiconque s'amuse à faire sonner ses titres sans y en ajouter de nouveaux, quiconque néglige de trans-mettre à ses descendants, par ses propres mérites et par son *activité* politique et sociale, un surcroît d'illustration au nom qu'il reçut lui-même en hé-ritage, — celui-là prononce son jugement lui-même, car il n'ignore pas que « noblesse oblige. »

Sa postérité aura le droit de lui en demander un compte sévère, car, en vérité, peu s'en faut qu'il ne déroge.

On répète encore souvent l'adage : *noblesse oblige.* Mais se rend-on bien compte de sa signifi-cation? A voir agir aujourd'hui ceux qui le répè-tent, il semblerait que le sens intime de ce noble adage est tout à fait tombé dans l'oubli. Tàchons donc de le restituer.

Ce qu'il veut dire, c'est que la noblesse a toujours été tout aussi bien *devoir* que *droit*, c'est qu'elle ne constitue pas une jouissance passive, mais bien un *devoir actif*, et que ce devoir n'est pas seulement *négatif* et restrictif, mais éminemment *positif* et progressif. S'il n'était que négatif et restrictif, on dirait seulement : noblesse *défend;* or, l'on dit : noblesse *oblige*.

Ce qu'il veut donc dire, c'est que pour être vraiment noble, il faut continuellement *s'ennoblir.*

Ce qu'il veut dire, en un mot, c'est que *l'ambition* (dans la stricte et belle acception du mot *ambire, ambitus*), est une condition *sine quâ non* de la véritable aristocratie. Vous voyez donc qu'il faut marcher.

Assurément l'adage « noblesse oblige » n'a pas fait son temps, il est applicable aujourd'hui plus que jamais, et la condition fondamentale de l'existence de la noblesse moderne est d'*effacer ses ancêtres*. Plus ceux-ci ont été illustres, plus est difficile la tàche de leurs descendants. Voilà

10

le sens intime, absolu et perpétuel de l'adage.
Je défie qui que ce soit de lui donner une autre
interprétation.

Conçue de cette manière, ne craignez pas que
la noblesse puisse jamais blesser les susceptibili-
tés des masses. Dès qu'elle *obligera* à une féconde
activité, elle *obligera* à la reconnaissance.

Ce n'est qu'à cette condition que se trouvera
réalisée cette belle définition de l'ancienne noblesse
romaine que nous donne Salluste :

*Neque divitiis aut superbiâ, sed bonâ famâ,
factisque fortibus nobilis ignobilem anteibat*[1].

Des actions fortes, — l'entendez-vous ! —
Avec quelle force le Romain a-t-il exprimé sa
pensée !

Libre à un gentilhomme, sans doute, de ne pas
aspirer à cette vertu antique, libre à lui de préférer la sphère d'une existence privée à celle des
actions fortes, libre à lui de n'avoir d'autre ambition que celle de vivre en honnête homme et
d'être tout au plus bon père de famille (il serait
cruel, en effet, de lui interdire ce genre de vie,

---

[1] Ep. I, ad C. Cæsarem, c. VI.

si c'est le seul qui lui sourit et qui soit analogue à ses moyens); mais dans ce cas, qu'il se le tienne pour dit, *il laisse dormir sa noblesse.*

Jadis on laissait dormir sa noblesse en trafiquant ou en s'adonnant à quelque occupation réputée indigne d'un noble. Maintenant, les choses ont terriblement changé. Le seul genre de vie indigne d'un gentilhomme, c'est l'oisiveté, la vie stérile et vaine. Ce n'est donc plus en s'occupant de telle ou telle chose qu'il laissera dormir sa noblesse, mais c'est en s'*occupant à ne rien faire* [1].

Et comme jadis, un noble qui n'avait pas dérogé, mais qui avait seulement laissé dormir sa noblesse, n'avait pas besoin de lettre de réhabilitation pour rentrer dans la jouissance de ses titres, de même désormais, il n'aura besoin que de changer sa vie stérile et passive en une vie ac-

[1] Machiavel dit dans ses discours sur Tite-Live (liv. I, ch. LV) : « J'appelle gentilshommes ceux qui vivent, *sans rien faire*, du produit de leurs possessions, etc. » — N'en déplaise à Machiavel, qui, malgré tout son génie, et peut-être un peu à cause de son génie, n'a jamais bien compris l'essence de la noblesse, — voilà une définition que la société moderne sera peut-être tentée d'appliquer à ses vilains. Les oisifs prétentieux, voilà les roturiers de l'époque.

tive et féconde pour rentrer dans les rangs de
l'*aristocratie de mérite,* la seule que l'avenir reconnaisse. Donc, les seules lettres de réhabilitation possibles à l'avenir, sont des actes d'illustration, — des actions fortes comme dirait Salluste,
dans quelque carrière et dans quelque direction
que cela soit.

Entendons-nous donc bien. Si un noble qui,
dans notre sens, laisse dormir sa noblesse avait
encore aujourd'hui quelques prétentions aristo-
cratiques, le ridicule en ferait bientôt justice.

Il aurait beau ne pas déroger, dès que sa vie
serait stérile et *vaine,* ses prétentions ne seraient
que de la vanité. Il est souvent permis d'être
fier, il n'est jamais permis d'être vaniteux.

Il y a un demi-siècle, l'aristocratie nobiliaire
fut attaquée par la terreur. La terreur a fait son
temps, le ridicule lui a succédé. Ce que la terreur a laissé vivre, se trouve assommé maintenant par le ridicule. La main sur la conscience,
avouons qu'il est plus terrible que la terreur elle-
même.

Je conçois qu'on ait osé affronter la terreur. Il y
avait là de l'héroïsme. Mais l'adversaire d'aujour-

d'hui est bien plus effrayant, à s'escrimer contre lui il n'y aurait que du don quichottisme. Le tente qui voudra!

Ainsi, après la grande tragédie la petite farce. Telle est la fin du spectacle.... pour tous ceux qui s'en vont *dormir* dès que la toile est tombée....

Mais réveillez-vous donc, vous tous, dont le peuple n'a pas encore tout à fait oublié les noms! — Il vous connaissait jadis quand vous le conduisiez à la gloire des combats, — qu'il vous reconnaisse maintenant lorsqu'il s'agit de le conduire aux gloires de la paix!

Il y a péril dans la demeure. Si vous laissez dormir votre noblesse trop longtemps, craignez qu'elle ne s'endorme pour toujours....

Alors, — que la terre vous soit légère!

Mais vous tous qui vivez encore de la vie du siècle et de la vie des nations, — vous tous qui respirez et aspirez encore, relevez-vous de votre léthargie!

Que la *noble ambition* soit votre étoile du matin; vous tous surtout qui entourez le pouvoir, qu'une sainte activité anime vos membres engourdis.

Songez qu'un noble sans ambition, sans activité sociale, est aussi à plaindre qu'un prêtre en
interdit, — mais qu'un aristocrate sans véritable
ambition est aussi absurde ou aussi méprisable
qu'un prêtre sans foi.

XII.

MISSION DE L'ARISTOCRATIE MODERNE.

— Mais qu'y a-t-il donc à faire? — Oh! vous ne me demanderez pas cela; vous ne pouvez pas me le demander; je ne vous ferais pas l'injure de supposer que vous ayez perdu à ce point le sens intime de votre mission sociale.

Ceux qui ont marché longtemps à la tête de la civilisation n'abdiqueront pas de gaieté de cœur leurs fonctions initiatrices, quelque changé que soit le mode de les exercer.

Ce n'est donc pas vous qui me demanderez ce qu'il y a à faire, — ce sont ceux qui vous honnissaient naguère. Un mot donc d'explication.

Jadis entre le peuple et l'aristocratie il y avait une muraille et un abime.

La muraille, on la voyait de loin, car elle barrait le passage; quant à l'abîme, on l'ignora longtemps, et il fallut approcher pour l'apercevoir.

La muraille c'était le *privilége*, — elle a croulé avec fracas il y a cinquante ans. Mais l'abîme est resté béant, et on n'en a découvert la profondeur qu'en l'abordant.

Cet abîme, c'est la faim, c'est la misère, c'est le paupérisme physique et moral.

Quand je dis faim, quand je dis misère, je n'entends pas seulement par là ce dénûment matériel, ce tiraillement des entrailles du corps physique, ce *vide* horrible dans lequel gémit une grande partie du genre humain.

J'entends aussi par là ces tiraillements si vifs et si divers des entrailles du corps social, ce dénûment intellectuel et moral, ce manque d'instruction, de foi et de principes qui rend la vie de l'âme aussi précaire, aussi flottante et aussi dangereusement orageuse que l'est celle du corps, quand les moyens de subsistance lui manquent.

J'entends par là, en général, ce manque du

pain quotidien, tant au physique qu'au moral, du pain de la vie, en un mot, dont les classes inférieures sont privées, et qu'il faut leur assurer moyennant l'organisation du travail et de l'éducation populaire[1].

Y songe-t-on à l'heure qu'il est? Oui, sans doute, l'on commence à y songer un peu,—mais à peine. L'institution des caisses d'épargne, par exemple, quelques établissements de bienfaisance publique, quelques mesures d'éducation populaire en font foi. Mais ce ne sont là que de belles exceptions. En règle générale, l'on n'en est encore qu'à se payer de belles paroles.

— « Vous voilà satisfaits, dit-on, il n'y a plus « de priviléges,—la muraille est tombée, voyez, « l'horizon est *libre*, rien ne gêne la vue, tout est « pour le mieux dans le meilleur des mondes, « avancez donc, vous qui êtes si pressés d'arri- « ver. Il n'y a plus d'obstacle désormais, les por-

---

[1] C'est à dessein que nous disons *éducation* et non pas seulement instruction publique. En revanche, c'est à regret que nous employons le terme d'organisation du travail dont on a un peu trop abusé dans ces derniers temps. Mais enfin..... il ne s'agit pas d'ergoter sur ces mots.

« tes sont ouvertes, — vous avez tous le *droit* de
« parvenir.

— « Le droit, oui ; mais les moyens, non. — Il
« est beau votre horizon ! il *semble libre* — sans
« doute — mais pourquoi ? — parce qu'il est *vide* ;
« avancez donc dans le vide. Autant valait con-
« server la muraille. — C'était une barrière sans
« doute, mais souvent aussi c'était un abri —
« c'était un point d'appui. »

Oui, la muraille n'était qu'un obstacle, — mais
l'abîme, le vide, est une impossibilité.

Quant à l'obstacle, il ne s'agissait que de l'abattre. C'était facile à faire, et cela a été fait.

Mais aujourd'hui il ne s'agit plus de détruire
ni d'abattre ; d'autres s'en sont chargés à loisir.
Il faut créer, remblayer, combler, édifier, organiser.

Ceci, c'est beaucoup plus difficile à faire, — et
cependant cela se fera.

Plus cette tâche est rude, plus elle est belle,
plus elle est noble. Qui donc s'en chargera ?

Le peuple lui-même ? — Encore une fois il n'en
a pas les moyens, et malheur — malheur — s'il
s'avisait jamais de se les procurer lui-même.

La bourgeoisie? Allons donc! elle est trop occupée d'elle-même, elle est trop pressée de jouir de sa victoire d'hier et d'en recueillir confortablement tous les fruits; — elle se met trop à l'aise et ne songe guère à ceux qui sont restés dehors.

Qui donc alors? l'ancienne noblesse?... Eh, qui sait? peut-être!... Par ses études et son éducation soignée, par les sentiments élevés qu'elle respire dès le berceau, par sa position sociale et son influence qui n'est pas encore totalement éclipsée malgré toutes les perturbations du siècle, par la fortune enfin qu'elle a obtenue en héritage, qu'elle possède ainsi *sans l'avoir acquise par le travail*, et que, par conséquent, elle a un *devoir* moral d'employer au bien de ceux qui travaillent *sans pouvoir acquérir ni posséder*,—par tous ces titres et tous ces moyens elle pourrait bien être appelée aujourd'hui à cette mission sociale.—Voilà son *droit*, voilà son *devoir*. Allons, vous voyez bien qu'il ne s'agit plus ici de *privilége*.

Au reste, si c'en est un, personne ne le lui contestera, car tous y sont appelés, à titre absolument égal.

Il fut un temps où l'on a très-bien défini le privilége en disant qu'il est : « dispense pour celui « qui l'obtient, et découragement pour les au- « tres. »

Prenez exactement le contre-pied de cette définition, et vous aurez celle du privilége de l'aristocratie moderne : *obligation pour celui qui s'y trouve appelé*,—*et encouragement pour les autres.*

Son caractère, qui, jusqu'à présent, était *exclusion*, va devenir *expansion*.

Ce patronage providentiel sur les progrès du peuple, cette initiation progressive des classes inférieures à la vie sociale, non pas seulement ce patronage de charité individuelle et de bonnes œuvres *privées*, qui était bon au moyen âge, qui restera beau toujours, mais qui ne suffit plus aujourd'hui aux exigences du siècle; — mais cette grande mission sociale et initiatrice qui a fait la force de la noblesse dans ses plus beaux jours, la mission de guider la marche des peuples et de frayer la route du progrès; —tel est l'avenir de la noblesse, si elle tient encore à en avoir un.

Vers la fin du siècle passé, elle s'est laissé ravir cette belle position. Elle a permis au tiers état de parvenir tout seul. Et, alors, vous le savez bien, le tiers état « *c'était la nation.* »

Mais, aujourd'hui, si un nouveau Sieyes s'avisait de demander : « qu'est-ce que le tiers état? » force serait de répondre : « ce n'est plus toute la « nation! »

Il m'est douloureux, je l'avoue sincèrement, de me voir emporté par fois à quelques expressions amères contre ces *classes moyennes* dont, certes, personne plus que moi n'apprécie les services et les mérites. Il est beau, sans doute, de voir surgir, à force de travail et de lumières, une couche tout entière de la société et de la voir s'élever au niveau de toutes les sommités séculaires. Aussi, les droits du tiers sont-ils sacrés, son mérite reconnu; personne ne conteste tout cela; il est même ridicule d'en parler encore .— qu'il n'en soit donc plus question. Mais, tout droit implique un *devoir*. Quand on voit l'esprit large et sublime du tiers état de jadis, dégénérer en esprit mesquin de l'aristocratie bourgeoise d'aujourd'hui; quand on voit que les fondements de l'aristocratie de naissance n'ont été sapés que pour jeter à leur place ceux de l'aristocratie d'ar-

gent, avec ces corollaires obligés, l'industria-
lisme exclusif et l'individualisme, l'on se sent
révolté malgré soi, et, tout pénétré qu'on se
trouve de respect et d'admiration pour la lutte
du droit commun contre le privilége, l'on ne
peut s'empêcher de flétrir les tendances de
ceux qui, en recueillant les fruits du labeur de
leurs pères ne songent nullement à les propager,
mais s'en font, à leur tour, un privilége et un monopole.

Il y a des publicistes qui se sont empressés de
proclamer l'avénement des classes moyennes au
pouvoir, et de leur tirer un brillant horoscope. Je
me crois obligé de contredire ces écrivains. Le
pouvoir social ne peut plus être inféodé à telle ou
telle classe de la société, tout comme il ne pouvait
plus rester inféodé aux castes nobiliaires.

M. de Lamartine a formulé dernièrement, avec
netteté, le principe et le nom du pouvoir moderne en France. Faut-il donc vous le répéter ?
Son principe c'est « celui d'une sage et croissante
« démocratie. » Son nom, c'est « le gouverne-
« ment des masses, le gouvernement de l'intelli-
« gence, — le gouvernement du travail. » — Vous

voyez donc que cela ne peut être le gouvernement d'une classe , — quelconque , — et quelque
moyenne qu'elle soit.

En vérité, l'on ferait grandement tort à l'esprit de notre époque et aux changements sociaux
qu'il a provoqués, si l'on supposait qu'il ne s'agissait, dans la grande tourmente, que de substituer
un échelon social à un autre , — que de remplacer, par exemple, les deux cent mille privilégiés
des deux Ordres de l'ancienne monarchie, par les
deux cent mille privilégiés Électeurs de la monarchie nouvelle. En conscience, aurait-on beaucoup
gagné à l'échange ?

Allons donc, diront les optimistes : — « ce
n'est pas de cela qu'il s'agit; — il s'agit du principe; c'est le principe qui a surgi , — c'est le droit
commun qui a vaincu. » — Soit, — j'accorde
le droit; mais, en revanche, accordez donc le
fait ! — J'accorde le principe, — subissez-en donc
les conséquences. Vous avez ouvert les portes , —
c'est bien ; — faites entrer à présent.

Nous en revenons donc toujours à l'obstacle et
à l'impossibilité, — à la muraille et à l'abime.

Vous avez renversé la muraille, — tant mieux
pour vous; mais nous vous dirons, à notre tour,
ce n'est pas de cela qu'il s'agit, — c'est à combler
le vide qu'il faut songer maintenant.

Vos pères ont commencé par s'enrichir dans le
courant des siècles, puis ils sont *parvenus*. — A
présent, vous ne trouvez rien de mieux à dire aux
autres que : « Enrichissez-vous à votre tour ! » La
plaisanterie est un peu forte ! Vous ne voyez donc
pas que l'histoire a marché.

Le peuple pourrait bien répondre à son tour :
« Munis de moyens, vous arrivâtes au but : ap-
puyés sur le fait, il vous fut facile de conquérir
le droit. — Mais, dites-nous s'il est possible de
s'appuyer sur un but pour acquérir les moyens,
et enseignez-nous, s'il vous plaît, comment,
lorsque l'on est seulement *muni de droits*, on arrive *aux faits*.

Vous le voyez, c'est la contre-partie exacte de
l'œuvre. Cette contre-partie n'est plus révolutionnaire; il s'en faut de beaucoup. Elle est évolu-
tionnaire. Elle n'est pas destructive ; — elle est
créatrice.

Il serait bien temps de clore l'ère critique des révolutions pour entrer dans celle des évolutions organiques.

FIN.

TABLE.

www.ingramcontent.com/pod-product-compliance
Lightning Source LLC
Chambersburg PA
CBHW072149270326
41931CB00010B/1935